Religionsunterricht an der selbständigen beruflichen Schule – Chancen und Herausforderungen

Reihe: gott-leben-beruf

Schriften des Institutes für berufsorientierte Religionspädagogik Bd. 6

Herausgegeben von Albert Biesinger, Josef Jakobi und Joachim Schmidt

Impressum

Herausgeber
Institut für berufsorientierte
Religionspädagogik
Liebermeisterstraße 12
72076 Tübingen

Albert Biesinger
Josef Jakobi
Joachim Schmidt

© 2006,
Alle Rechte vorbehalten

Kontakt
Telefon: 0 70 71 - 29 - 7 40 49
Telefax: 0 70 71 - 29 - 51 81
E-Mail: info@ibor-tuebingen.de
Internet: www.ibor-tuebingen.de

Gestaltung und Satz
Andrea Braunberger
www.twob-gestaltung.de

Herstellung und Verlag
Books on Demand GmbH,
Norderstedt
Printed in Germany

ISBN-10: 3-8334-6852-1
ISBN-13: 978-3-8334-6852-0

Die Deutsche Bibliothek –
CIP-Einheitsaufnahme

Inhalt

1.0 006   **Grußwort aus dem Sekretariat der Deutschen Bischofskonferenz**
Dr. Andreas Verhülsdonk,
Referent für Religionspädagogik im Sekretariat der
Deutschen Bischofskonferenz.

Darstellung von Modellprojekten zur selbständigen beruflichen Schule in den verschiedenen Bundesländern:

2.0 008   **Das Modell „Modus 21" in Bayern**
Monika Florian,
Staatsministerium für Unterricht und Kultus, Geschäftsstelle der Stiftung
Bildungspakt Bayern, München.

2.1 014   Irmgard Kornprobst/Heidrun Wust
„Modus 21" – Umsetzung und Bedeutung für den Religionsunterricht
am beruflichen Schulzentrum Scheinfeld/Bayern

3.0 020   **Das Modell „ProReKo" in Niedersachsen –
Berufsschulen als regionale Kompetenzzentren**
Michael Sternberg,
Geschäftsführer „ProReKo" im niedersächsischen Kultusministerium.

3.1 026   Norbert Böhmer
„ProReKo" –
Umsetzung am beruflichen Schulzentrum Bersenbrück/Niedersachsen

4.0 032   **„SelbstverantwortungPlus" in Hessen**
H.-D. Speyer,
Institut für Lehrerfortbildung Hessen

4.1 034 Heinz Metternich
„Selbstverantwortung plus" in Hessen –
Umsetzung an der Peter-Paul-Cahensly-Schule, Limburg/Lahn

5.0 042 **Qualitätsentwicklung und Qualitätssicherung an beruflichen Schulen in Baden-Württemberg – das Konzept „Operativ Eigenständige Schule" (OES)**
Harald Wissmann,
Projektleiter OES im Kultusministerium Baden-Württemberg

5.1 050 Waldemar Futter
„Operativ Eigenständige Schule" –
Umsetzung in der Friedrich-Ebert-Berufsschule Esslingen

5.2 054 Susanne von Kirchbach
„Operativ Eigenständige Schule" –
Chancen und Herausforderungen für den Religionsunterricht

6.0 056 **Das Modellprojekt „Selbständige Schule" in Nordrhein-Westfalen**
Dr. Beate Scheffler,
Leiterin der Abteilung Berufskolleg im Ministerium für Schule und Weiterbildung

6.1 062 Erwin Wekeiser
Das Modellprojekt „Selbständige Schule" in Nordrhein-Westfalen –
Umsetzung am Berufskolleg Beckum

7.0 068 **Nachwort**
Albert Biesinger, Josef Jakobi, Joachim Schmidt
„Selbständige", „eigenverantwortliche" oder „teilautonome"
berufsbildende Schulen: Chancen und Herausforderungen
für den Religionsunterricht?

Andreas Verhülsdonk
Grußwort aus dem Sekretariat der Deutschen Bischofskonferenz

Das deutsche Schulwesen, sowohl das allgemeinbildende wie auch das berufbildende, befindet sich seit einigen Jahren in einem grundlegenden Reformprozess und das auch aus sehr gutem Grund. Die internationalen Leistungsvergleichsstudien und die jüngste Pisastudie „E 2003" haben es noch einmal gezeigt. Sie haben die Mängel unseres Bildungs- und Ausbildungswesens sehr deutlich markiert. Dazu gehört nicht nur das mittelmäßige Leistungsniveau der deutschen Schulen. Besorgniserregender aus meiner Sicht sind drei andere Ergebnisse:

1. In kaum einem anderen Land der OECD ist der Bildungserfolg so eng an das soziale Herkunftsmilieu gekoppelt wie in Deutschland.
2. Ein Teil der Jugendlichen - je nach Bundesland zwischen 20 und 30% - verlässt die allgemeinbildenden Schulen mit so geringen Fähigkeiten, dass sie eine Berufsausbildung meist nicht erfolgreich beenden können.
3. Der Lernerfolg der Migrantenkinder der sogenannten 3. Generation also derer, die in Deutschland geboren sind und an deutschen Schulen unterrichtet wurden ist geringer, als der anderer Migrantengruppen.

Diese Ergebnisse müssen uns alle beunruhigen - aus christlicher Sicht sind sie schlichtweg unakzeptabel. Zu den Reformmaßnahmen, die diese und andere Mängel beheben sollen, gehört das Konzept der autonomen Schule, also jenes Bündel von Maßnahmen, die Zuständigkeiten und Verantwortlichkeiten auf die einzelne Schule verlagern, und ihr damit größere Gestaltungsspielräume in pädagogischer, personeller und finanzieller Hinsicht eröffnen. Diese Reformmaßnahmen sind grundsätzlich zu begrüßen.

Dem Religionsunterricht stellt sich jedoch die Frage, welche Rolle er zukünftig in den selbständigen berufsbildenden Schulen übernehmen wird, welche Konsequenzen das Konzept der autonomen Schule in Verbindung mit der Lernfelddidaktik für die Organisation und Konzeption des Religionsunterrichts haben wird. Vor allen Dingen: wie der Religionsunterricht selbst produktiv auf diese neuen Herausforderungen antworten kann. Das ist, denke ich, das Thema dieses Expertenforums. Wir alle gehen dabei von der Überzeugung aus, dass der Religionsunterricht auch zukünftig ein sinnvoller und notwendiger Teil der beruflichen Bildung sein und bleiben wird. Das ist angesichts der bildungspolitischen Diskussion durchaus einmal zu unterstreichen.

Meine Damen und Herren, ich darf ihnen die herzlichen Grüße des Vorsitzenden der Kommission für Erziehung und Schule der deutschen Bischofskonferenz, Herrn Bischof Engelbert Siebler vermitteln und mit den Grüßen auch den Dank für die Planung und Durchführung dieses so hochkarätig besetzten Expertenforums. Dieser Dank richtet sich zunächst an Herrn Professor Dr. Biesinger und an Herrn Dr. Schmidt für Idee und Konzeption des Forums, sodann aber auch an die Vertreterinnen und Vertreter der Ministerien und der Schulleitungen. Mein Dank richtet sich schließlich an alle, die in unterschiedlicher Funktion und an unterschiedlichen Orten, für den Religionsunterricht an den berufsbildenden Schulen verantwortlich sind. Das Zusammenwirken von Kirche, Staat und Wissenschaft ist aus meiner Sicht ein hoffnungsvolles Zeichen für die Reform des deutschen Schulwesens und nicht zuletzt auch für den Religionsunterricht.

2.0

Monika Florian
Das Modell „Modus 21" in Bayern

„Modus 21" - oder wie viel Selbständigkeit und Eigenverantwortung braucht eine Schule auf der einen Seite und wie viele zentrale Vorgaben auf der anderen Seite braucht Sie, um ihre fachlichen und pädagogischen Leistungen zu steigern? Die Schulen müssen endlich selbständig werden, dann werden auch die Pisaergebnisse besser. So oder so ähnlich haben Sie es sicher schon öfter gehört. Tatsächlich lassen die Ergebnisse dieser internationalen Vergleichsstudie einige Rückschlüsse darauf zu, dass Schulen ihre fachliche und pädagogische Qualität steigern können, wenn sie selbständiger arbeiten. Das haben die Ergebnisse zahlreicher Nachbarländer bewiesen.

Aber so einfach ist das Ganze nun mal nicht. Wer fordert, man müsse die Schulen nur in die Selbständigkeit entlassen, dann würden über Nacht die Noten besser werden, dann würden die Schüler selbständiger werden, dann wären die Lehrkräfte zufriedener, der verkennt letztendlich die Komplexität des Systems Schule. In seinem komplizierten Räderwerk rufen wir durch das Drehen an einer einzigen Stellschraube natürlich auch Auswirkungen auf das ganze System hervor. Und um dem Ganzen einen Gesamtrahmen zu geben, müssen wir feststellen, dass unser Schulsystem im Prinzip traditionell die Selbständigkeit gar nicht vorsieht. Die gewachsenen Strukturen, die wir in unseren Schulsystemen haben, basieren nicht auf der Idee einer selbständigen Schule; auch nicht auf dem, was die Schulaufsicht als Grundlage hat.

Unsere Schulen sind letztendlich anders organisiert, unsere Lehrerinnen und Lehrer sind anders ausgebildet. Das heißt also, ein von oben angeordnetes, abruptes Entlassen in die Autonomie, wie es doch immer wieder gefordert wird, würde letztendlich unsere Schulen vor erhebliche Probleme stellen. Sie wären durch eine solche Art von Schule erheblich überfordert. Überdies muss man auch bedenken, dass es in Deutschland eine vollständig autonome Schule durch das Grundgesetz gar nicht geben kann, denn der Artikel 7 im Grundgesetz der Bundesrepublik Deutschland sagt ja, dass das gesamte Schulsystem unter der Aufsicht des Staates bleibt. Und nun werden Sie fragen: Was macht man, wenn man selbständige Schule ausprobieren möchte, oder wie packt man das eigentlich an?

Der Spielraum, den die Schulen innerhalb dieser gesetzlichen Vorgaben zur Verfügung haben, ist sehr viel größer als man eigentlich annimmt. Das heißt, es ist noch lange nicht alles an Freiräumen ausgeschöpft, was unser jetziger gesetzlicher Rahmen eigentlich bietet. Wir wollten in Bayern mit unserem Modellversuch zeigen, wie man ihn erweitern kann, wie man definitiv die Freiräume nützen kann und gegebenenfalls welche weiteren Möglichkeiten es noch geben wird. Wir wollten mit unseren 44 Projektschulen anhand konkreter Maßnahmen und Projekte diese Wirksamkeit erproben, evaluieren und – was für uns ganz wichtig ist – das Augenmerk darauf legen, dass die Ergebnisse dann auch flächendeckend, Bayern-weit implementiert werden. Wir arbeiten an einem Unterstützungssystem, wie diese positiven Ergebnisse weiter getragen werden, so dass dann flächendeckend eine Qualitätsverbesserung an bayrischen Schulen entsteht.

Wovon sind wir ausgegangen, als wir unseren Modellversuch konstituiert haben? Wir sind davon ausgegangen, dass es ein stärkeres Maß an positiver Veränderung gibt, wenn die Schulen nach ihrem selbst entwickelten Fahrplan ihre Veränderungen vornehmen und ihre Selbständigkeit ausweiten, denn wir wussten aus den Erfahrungen unserer Kolleginnen und Kollegen aus der Schulleitung, dass traditionell ein sehr dichtes Netz von Vorschriften über unseren Schulen liegt. Es ist geknüpft natürlich aus Gründen der Rechtssicherheit, vielleicht auch ein bisschen in der Annahme, je mehr Regelungen man erließe, desto zuverlässiger würde sich dann auch der gewünschte Erfolg einstellen.

Wir wissen aber inzwischen - das hat Pisa dann auch letztendlich gezeigt -, dass es weniger auf den Input ankommt, sondern, dass vielmehr eine ganz genaue oder differenzierte Betrachtung des Outputs einer Schule ein wesentlich zuverlässigerer Indikator für Qualität ist. Das haben uns unsere Lehrerinnen und Lehrer abermals bestätigt, indem sie sagten, dass sie ihre Professionalität als Expertinnen und Experten für das Lernen nicht wirklich ausüben könnten und damit nicht die pädagogische Wirksamkeit erleben, die für die Berufszufriedenheit ausschlaggebend ist. Ein Kollege drückte es so aus: „Also lassen Sie es mich einfach so zusammenfassen. Wollen Sie vom Kultusministerium mir jetzt sagen, wenn wir an dem Modellversuch teilnehmen, dass wir dann das dürfen, was wir zu oft nicht dürfen, was wir aber sollen und was wir wollen?" Ich fand, dass er das eigentlich ganz präzise ausgedrückt hat. Mittlerweile ist die Zeit ja weit fort geschritten und Selbständigkeit von Schulen ein Thema, das in allen deutschen Bundesländern, aber auch natürlich europaweit und international ein wesentlicher Bestandteil der bildungspolitischen Diskussion ist.

2.0

Der Stiftungspakt Bayern ist – wie der Name schon sagt – eine Stiftung, ein Zusammenschluss aus mittlerweile 130 Wirtschaftsunternehmen unterschiedlicher Größe und dem Freistaat Bayern, vertreten durch das Kultusministerium. Unsere Stiftung gibt es jetzt fünf Jahre genau, das Ziel dieser Stiftung ist es, Innovationen im Schulwesen zu implementieren und dabei letztendlich die Kompetenzen beider Seiten zu vereinigen, einmal der Wirtschaft und auf der anderen Seite des Bildungssystems, also diese unterschiedlichen Erfahrungen beider Welten synergetisch zu nutzen. Wir hatten im Frühsommer 2001 eine Zukunftswerkstatt in der Stiftung gemacht und das wichtigste Ergebnis dieser Konferenz war, dass die positiven Erfahrungen der Unternehmen hinsichtlich größerer Eigenverantwortlichkeit der Mitarbeiter auf die Schulen zu übertragen sind. Wir haben dabei auch fest gestellt, dass Qualitätsmessung und Steuerung ein wichtiger Bestandteil sind, die wir in unseren Schulen gut übernehmen könnten: im Bereich Personalmanagement, Personalführung, für Zielvereinbarungen oder um neue Qualitätsmessinstrumente zu erproben.

Dies war die Geburtsstunde von „Modus 21", denn unternehmerisches Denken heißt letztendlich: Eigenverantwortlich planen, umsetzen, den Erfolg messen und vor allen Dingen, das ist wichtig, die Ergebnisverantwortung übernehmen. Das gab schließlich Modus den Namen: „Modus 21 - <u>Mod</u>ell <u>U</u>nternehmen <u>S</u>chule im 21. Jahrhundert".

Wie sind wir vorgegangen? Wir sind eigentlich unüblich für einen Modellversuch vorgegangen. Denn wir haben handverlesene Schulen gesucht, von denen wir per se annehmen konnten, dass sie mit den neuen Freiräumen verantwortungsbewusst umgehen. Die Voraussetzung zur Teilnahme am Modellversuch war, dass sie sich in der Schulentwicklung bereits profiliert hatten. So sind wir gestartet im Jahr 2002 mit 23 Modellschulen. Wir haben dann im zweiten und dritten Jahr sukzessive erweitert.

Was war das besondere dabei? Üblicherweise wird in einem Modellversuch an Modellschulen etwas erprobt, was vorgegeben ist. Wir haben es genau anders herum gemacht. Vorgegeben wurden lediglich vier Arbeitsfelder:

- Zum einen die Qualität von Unterricht und Erziehung, das Kerngeschäft einer jeden Schule, eines jeden Lehrers,
- Personalmanagement und
- Personalführung,
- inner- und außerschulische Partnerschaften mit Verbindungen zu Unternehmen und Betrieben.

Innerhalb dieser Felder konnten die Schulen eigenständig Maßnahmen und Ideen entwickeln, die sie aus ihrer pädagogischen Sicht für sinnvoll erachtet haben. Sie durften dabei über die bestehenden Regelungen der Schulordnung hinausgehen, sie durften nur das Grundgesetz nicht verletzen. Und das war wirklich ein Startschuss, pädagogisch über den Tellerrand hinaus zu schauen und zu fragen: „Wie kann ich Werteerziehung, wie kann ich die Stärkung der eigenen Persönlichkeit, also Bereiche des Religionsunterrichts verbinden mit Inhalten der so genannten Hauptfächer? Wie kann ich Halbjahresprojekte machen? Wie kann ich auch Kompetenzen, besonders Persönlichkeitskompetenzen, richtige Curricula erarbeiten, um dies zu vermitteln? Wie kann ich die Fächer wie Religion in gesamte Projektarbeiten und Portfolioarbeiten einbinden? All das waren Herausforderungen für unsere Schulen.

All das gab sehr viel Aufwind in den Schulen, Aufbruchstimmung, und wir haben mittlerweile mehr als 350 einzelne Maßnahmen, die im Laufe der Zeit natürlich gebündelt, zusammengefasst und komprimiert werden. Der Modellversuch ist angelegt auf 5 Jahre, er endet also 2007. Unsere Schulen entwickeln ihre Maßnahmen selbst, setzen sie um und evaluieren sie. Die Geschäftsstelle der Stiftung ist dafür da, in Kooperation mit dem Kultusministerium diese Maßnahmen, wenn sie denn positiv erprobt sind, frei zu geben und den Schulen zu helfen, diese zu adaptieren.

Der Modellversuch wird selbstverständlich wissenschaftlich begleitet von der Friedrich Alexander Universität in Erlangen. Herr Professor Weber mit einem Team begleitet den Modellversuch, er führt Erhebungen zu drei Zeiten durch, evaluiert auch einzelne Maßnahmen, hilft den Schulen beim Maßschneidern ihres Evaluationskonzeptes, entwickelt Fragebögen und hilft bei der Auswertung.

Jetzt werden Sie fragen, was speziell passiert an den beruflichen Schulen beim „Modus 21"? „Modus 21" ist ganz bewusst in Bayern ein schulartübergreifender Versuch. Das heißt, wir haben alle Schularten dabei, weil wir wollten, dass durch die Vernetzung der Schulen in dem Versuch gegenseitiges Lernen und Befruchten entsteht. Und das hat sich auch bewahrheitet. Dinge, die im Bereich der individuellen Förderung beispielsweise in Förderschulen oder Grundschulen entwickelt wurden, konnten zwar nicht eins zu eins auch an anderen Schularten übernommen werden, aber lieferten doch wertvolle Anregungen.

Wir haben in unserem Modellversuch fünf berufliche Schulen, die selbstverständlich auf Grund ihrer Voraussetzung ganz andere Schwerpunkte im Bereich

Das Modell „Modus 21" in Bayern

2.0

der selbständigen Schule setzen als es Gymnasien oder Grundschulen tun. Diese beruflichen Schulen haben ohnehin die größte Herausforderung im Vergleich zu allen anderen Schularten, weil sie ständig mit den Entwicklungen in der Wirtschaft konfrontiert sind. Sie müssen ihre pädagogischen Konzepte überdenken. Sie sind im Prinzip die flexibelste Schulart überhaupt, weil sie sich ständig an Neuerungen anpassen müssen und es auch mit großer Bravour leisten. So haben unsere beruflichen Schulen in Bayern schon von Anfang an viel Freiraum gehabt. Deshalb war der Fokus nicht unbedingt auf das Arbeitsfeld Qualität von Unterricht und Erziehung gerichtet. Sie hatten mehr den Fokus gerichtet auf Personalmanagement und Personalführung, zum Beispiel: Wie kann man mittleres Management an beruflichen Schulen einbauen? Wie kann man die Führungsspanne verkürzen? Wie wäre es, darüber nachzudenken beispielsweise, die Lehrerbudgetierung anders zu gestalten, beispielsweise nach der Anzahl der Schüler? Wie kann ein Schulleiter Managementaufgaben übernehmen, bspw. indem er für die Mitarbeiter Verantwortung zeigt und Coaching für Mitarbeiter bereitstellt. Wie werden Werte in einer Schule umgesetzt und vermittelt?

Da führt ein Kollege in der beruflichen Schule so genannte Mitarbeitergespräche mit Schülern ein, um Zielvereinbarungen zu erreichen, analog zum Vorgehen in Unternehmen. Dabei geht es dann nicht nur um schulische Leistungen im Fach Englisch, Mathe oder Deutsch, sondern es geht um die ganze Person des Schülers, seine persönliche Entwicklung, seine Persönlichkeitsprägung. Das ist eine Maßnahme, die sehr viele Schulen übernommen haben.

Was ist noch besonders wichtig an dem Modellversuch? Es hat noch nie, zumindest in Bayern, einen Modellversuch gegeben, in dem während der Laufzeit - wir befinden uns zu Beginn des vierten Jahres - evaluiert und die Ergebnisse frei gegeben worden sind. Wir haben das im Kultusministerium zu Beginn dieses Schuljahres gemacht, und wir haben 30 evaluierte Modusmaßnahmen frei gegeben. Herr Ministerpräsident Stoiber wird zusammen mit Herrn Kultusminister Schneider weitere 30 Maßnahmen frei geben.

Der Leitfaden zu „Modus 21" ist wirklich eine Hilfe für die Schulen. Ich möchte Sie auch anregen sich dieses Buch anzuschauen.[1] Es enthält sehr viele Anregungen, die aus beruflichen Schulen und auch aus dem religionspädagogischen Bereich kommen.

Ich möchte in drei Sätzen noch einen kleinen Ausblick geben, damit Sie auch sehen, wo wir im Moment stehen. Was wir - und mit wir meine ich in erster Linie die Schulen, die sich dabei wirklich eingebracht und gearbeitet haben - erreicht

[1] Modus21: Leitfaden 21, München 2006.

haben, ist ein erster Schritt zu einer selbständigen und damit auch selbstbewussten Schule.

„Modus 21", von einer Reporterin mal als „die stille Reform von Innen" bezeichnet, ist Teil eines permanenten Prozesses, der letztlich dazu führen soll, den Schulen mehr Freiheit in der Konturierung ihres fachlichen und pädagogischen Auftrages zu geben. Unsere 44 Schulen haben gezeigt, dass sie die Kraft, Kompetenz und Kreativität besitzen, diese Aufgabe stellvertretend für alle bayrischen Schulen zu lösen. Sie wissen aber auch, dass das, was sie bisher erprobt haben, Impulse sind für Weiterentwicklungen. Diese Schulen praktizieren, was in so vielen Ratgebern für Schulentwicklung wortreich beschrieben ist. Sie sind eine lernende Organisation geworden.

Irmgard Kornprobst/Heidrun Wust

„Modus 21" Umsetzung und Bedeutung für den Religionsunterricht am beruflichen Schulzentrum Scheinfeld/Bayern

Das berufliche Schulzentrum von Scheinfeld bietet an: Ausbildung in der Kinderpflege, Sozialpflege, in der Hauswirtschaft und in der Agrarwirtschaft. Scheinfeld ist Modusschule - seitdem wissen mehr Leute auch in Bayern, wo Scheinfeld liegt. Scheinfeld liegt ganz beschaulich zwischen Nürnberg und Würzburg, ohne Bahnanbindung, schlechte Infrastruktur. Wir sind deshalb als Modusschule mit ausgewählt worden und waren von Anfang an dabei. Wir hatten im Jahr 2003 den Innovationspreis der Stiftung Bildungspakt im Bereich der beruflichen Schulen gewonnen. Wir sind bei uns im Kollegium insgesamt 53 Kollegen.

Das Alter unserer Schüler liegt zwischen 15 und 18. Das Problem ist die sehr ländliche Struktur der Region, weshalb auch die Infrastruktur sich sehr schwierig gestaltet. Nürnberg wurde zur Metropolregion erklärt, das heißt Scheinfeld hat so gut wie keine Chancen, dass sich Betriebe ansiedeln. Wir bilden im Dienstleistungsbereich aus und unser Ziel ist es, unsere Jugendlichen in diesem Bereich für den Landkreis vorzubereiten, sie fit für das Leben zu machen, und zwar zum einen auf der fachlichen Seite, zum anderen auch im sozialen Bereich. Denn die neuesten Prognosen zeigen, dass sich in den nächsten zehn Jahren der Arbeitsmarkt positiv verändern wird, und wir möchten unsere Jugendlichen selbstbewusst machen. Auch von daher ist der Religionsunterricht ganz wichtig für uns.

Unsere Leitsätze, die wir im Schulprogramm entwickelt haben, sind:

- Der Schüler steht bei uns im Mittelpunkt
- Soziales Lernen und Persönlichkeitsbildung stehen bei uns an zweiter Stelle
- Wichtig ist uns: Qualifizierter, guter Unterricht
- Wir achten sehr auf die Atmosphäre, auf den Umgang, auf das Kommunikationsverhalten bei uns im Schulzentrum
- Wir erstreben eine innovative, zukunftsorientierte Ausbildung

Diese Leitsätze sind hinterlegt in unserem Schulprogramm, jeder einzelne Leitsatz wurde abgestimmt im Kollegium mit 2/3 Mehrheit; jede Bestimmung, die keine 2/3 Mehrheit erhalten hat, steht nicht im Schulprogramm. Soweit zu unserem Prozess. Innovative, zukunftsorientierte Ausbildung ist uns deshalb wichtig, denn das Institut für Zukunftsforschung in der Schweiz hat festgestellt: Jeder Jugendliche, der jetzt eine Arbeit beginnt, wird im Laufe seines Lebens drei verschiedene Berufe ausüben, keinen Stellenwechsel sondern vollkommen verschiedene Berufe. Die Kinder, die jetzt geboren werden, werden in Berufen arbeiten, die wir jetzt noch nicht kennen, noch nicht einmal den Namen. Uns ist es wichtig, unseren Schülern nachhaltiges Lernen zu vermitteln, eben für die Selbstbehauptung in ihrem weiteren Leben.

Ich möchte bei diesem nachhaltigen Lernkonzept, das aus den drei Punkten Personalentwicklung, Unterrichtsentwicklung, Organisationsentwicklung besteht, die Organisationsentwicklung heraus nehmen. Wir haben im Rahmen des Modellversuchs Veränderungen im Stundenplan vorgenommen, wir sind weg vom 45-Minuten Takt und haben für unsere Lehrer in den Projektklasse informelle Klausurtagungen eingerichtet. Die Gestaltung unserer Schule soll gedeihen als Lebens- und Arbeitsraum für Lernende und Lernbegleiter. „Lehrer" heißt in unserer Projektklasse „Lernbegleiter". Die Schüler lernen in Form von Bausteinen. Selbstorganisiertes Lernen ist bei uns wichtig. Wenn man in einer Klasse die Unterrichtsform so komplett umstellt - das können Sie sich alle aus Ihrer Erfahrung vorstellen - kann Religionsunterricht in seiner herkömmlichen und konventionellen Form nicht mehr möglich sein. Die Kollegen aus unserem Haus haben zusammen mit den Kollegen, die für den Religionsunterricht zuständig sind, als Team ein gemeinsames Projekt überlegt, das wir Ihnen im folgenden vorstellen wollen.

Wenn Schulen selbständig lernen und Schüler selbständig in Lernbausteinen arbeiten, kann auch der traditionelle Religionsunterricht in so einer Projektklasse nicht mehr wie bisher stattfinden. Wir haben daher mit den zwei Kollegen für evangelische und katholische Religionslehre ein festes Team gebildet, ein Team für diese Projektklasse, mit beiden Religionskollegen. Sie sind bei jeder Teamsitzung dabei, sie sind bei der Klausurtagung dabei, und sie sind sogar bei der Kommissionsgruppe dabei, weil wir es für sehr wichtig finden, dass der Religionsunterricht dort mit eingeht.

Was machen wir? Wir haben unser Projekt unter das Motto gestellt „ Glauben leben". Am BSZ Scheinfeld findet es statt im Rahmen von Modus 21. Wir sind froh, dass wir so etwas entwickeln konnten. Unsere Modellklasse, Projektklasse, ist die 11. Klasse Kinderpflege, die die Abschlussklausuren macht und auch dann mit dieser Religionsnote eine Stelle sucht. Es findet Religions- oder Ethikunterricht statt. Das Ganze findet unter der groben Überschrift „Soziale Verantwortung übernehmen" statt. Es geht darum, Verantwortung für sich, für andere zu übernehmen, aber auch für Natur und Umwelt und das alles in der globalen Welt, bzw. in der kleinen Welt der Schüler selbst.

Unsere Ausgangssituation: Wir haben in einer der Vorbereitungen die Friedrich-

Irmgard Kornprobst/Heidrun Wust

„Modus 21" – Umsetzung und Bedeutung für den Religionsunterricht
am beruflichen Schulzentrum Scheinfeld/Bayern

2.1

Lange-Schule in Wiesbaden besucht, die schon solche Projekte zur „Nächstenliebe" durchführt. Das hat uns sehr interessiert, und wir haben dann für uns beschlossen, wir möchten für unsere Schule ein eigenes Konzept machen, aber auch mit Handeln in der Praxis. Unsere Schülerinnen kennen zehn Jahre klassischen Religionsunterricht. Sie haben zum Teil wenig Motivation, das sagen sie auch ganz deutlich: „Religion interessiert uns nicht. Wir wollen eine gute Note im Zeugnis haben, das ist uns das Wichtigste." Wir haben Schüler, die häufig in sehr schwierigen Lebensverhältnissen aufwachsen, also Ein-Elternfamilien, Stiefelternfamilien und oft ohne Familienbindung. Und was unsere Schüler auch kennzeichnet - sie haben wenig Ideen, wie sie ihre Freizeit sinnvoll gestalten sollen. Deshalb sollen sie lernen - das ist ein Ziel - soziale Verantwortung, auch gesellschaftliche Verantwortung und Teilhabe zu übernehmen, also auch Übernahme von kirchlichen Ehrenämtern, Selbstkompetenzen zu steigern und ihren persönlichen Horizont ein Stück zu erweitern.

Für den Religionsunterricht haben wir noch einmal extra Ziele formuliert und zwar:

- Wir möchten, dass sie Glauben leben und verknüpfen lernen.
- Dass sie das, was sie theoretisch wissen und gelernt haben, auch praktisch umsetzen können.
- Religionsunterricht insgesamt handlungsorientierter gestalten.
- Schüler als Person stärken, ihnen Erfolgserlebnisse schaffen.

Wie haben wir das organisiert, in dieser 11. Klasse Kinderpflege? Wir haben letztes Jahr begonnen, das heißt es läuft jetzt im 2. Schuljahr. Es ist eine Kooperation der Fächer evangelische Religion, katholische Religion und Ethik. Es ist so organisiert, dass man die Lehrplaninhalte in diesen Schulphasen mit integrieren kann. Zeitlicher Umfang? Bei uns haben die Schüler eine Stunde Religion in der Woche auf dem Stundenplan. Unsere neue Organisation läuft folgendermaßen ab: Der evangelische und katholische Kollege gehen zusammen in den ersten sechs Schulwochen in die Klasse, in der dritten Stunde am Freitag ist Religionsunterricht Sie bereiten die Schüler gemeinsam auf dieses Projekt vor. Die Schüler müssen sich Praxisplätze selber suchen, sie gehen in unterschiedlichste Praxisplätze. Vom Altenheim über die Großfamilie, in der Caritas, im Kindergottesdienst, alle möglichen Dinge, die die Schüler machen können. Sie müssen sich aber selber diesen Platz suchen, müssen selber aktiv werden. Wir helfen, wenn sie selber tatsächlich nichts finden. Aber zunächst ist hier auch Eigenaktivität gefragt. Nach dieser Vorbereitung und Praxisplatzsuche gehen sie sieben Wochen in den Praxiseinsatz. Dieser findet am Nachmittag oder am Abend statt, also in der Freizeit der Schüler jeweils für ein bis zwei Stunden. In der Schule ist dann diese dritte Stunde Religion am Freitag frei, bzw. die zuständigen Religionslehrer holen sich immer wieder zwei bis drei Schüler zum Coaching, das heißt zum Begleiten, zur intensiven Beratung, zum Besprechen von Problemen. So dass das auch für die Religionslehrer abgesichert ist, d.h. sie sind auf jeden Fall in der Schule und sprechen dann mit Einzelnen. Dann kommt eine vier Wochen andauernde Schulphase, in der die Schüler ihren Praxisplatz den anderen vorstellen müssen und ihre Erfahrungen mitteilen. Dann kommt noch einmal sieben Wochen Praxiseinsatz und der Rest der Zeit findet dann in der Schule statt und dient einer intensiven Auswertung. Das Projekt wird auch benotet. Die Schüler müssen Tagesberichte schreiben und eine Gesamtreflexion erstellen und sie müssen ihre Praxisstelle vorstellen, das gibt eine Note. Die Praxisstellen geben eine Bewertung ab, die der Religionslehrer dann - nach Rücksprache - in eine entsprechende Note umsetzt. Die Aufgaben haben sich geändert. Hilfe bei der Suche nach Plätzen, dann eine intensive Begleitung, also das Wort Lernbegleiter bekommt hier eine eigengewichtige Bedeutung. Die Religionslehrer halten auch Kontakt zu den Praxiseinrichtungen. Sie müssen den Transfer irgendwie schaffen: Hat das, was ihr macht, mit Religion zu tun, mit unserem Religionsunterricht und mit unseren Inhalten im Lehrplan in Religion? Zusätzlich machen wir einen „Coaching-Tag" für die 10. Klasse. Die 11. Klasse gestaltet einen „Coaching- Tag" und führt die 10. in das Projekt für das folgende Jahr ein. Und wir machen einen Elternabend, weil es uns auch ganz wichtig ist, die Eltern in solche Projekte mit einzubinden, weil auch für die Eltern der Religionsunterricht anders ist. Die Schüler reagieren unterschiedlich. Manche sind begeistert und manche sehen auch, dass es wesentlich mehr Aufwand ist als die Stunde Religionsunterricht. Es ist immer die Frage, wie viel einem das Wert ist. Wir glauben - und das erleben wir auch so - dass die Schüler sehr viele wichtige persönliche Erfahrungen für sich machen und wir haben sehr viele positive Rückmeldungen von den potentiellen Arbeitgebern. Eine Schülerin hat im letzten Jahr definitiv nur deswegen eine Ausbildungsstelle als Krankenschwester bekommen.

Ich habe darauf verzichtet in diesem Rahmen die theologischen Grundlagen zu liefern, aber ich finde es ganz interessant, wie die Schüler das theologisch begründen. Wir haben dazu eine Umfrage gemacht:

Was hat das Projekt mit Religionsunterricht und Glauben zu tun?

- „In der Bibel steht, dass man seinen Nächsten lieben soll und dass man das seinem nahen Umfeld auch zeigen soll".
- „Helfe deinem Nächsten - wir helfen und unterstützen ja auch die Familien".

- „Ich sehe einen Bezug zum Religionsunterricht, da das ja auch in den Geboten vorkommt".
- „Weil Jesus auch immer geholfen hat. Er hat seine Freude geteilt und damit andere glücklich gemacht".
- „Das Gleichnis mit dem Senfkorn, das auf fruchtbaren und unfruchtbaren Boden fällt. Bei diesem Projekt bringen wir sozusagen Früchte, weil wir Gutes tun".

Die letzte Aussage stammt von einem Schüler, der ansonsten nicht viel mit Religion zu tun hatte. Das Erstaunliche ist, dass es Grundlagen sind, die sie dann doch letztendlich anwenden. Ja, dann habe ich Ihnen noch ein paar Schülermeinungen und -erfahrungen aufgeschrieben:

- „Ich weiß nicht genau, was es bringen soll".
- „Ich glaube nicht. Bin nicht getauft. Ich habe keinen Bezug zu Gott. Zumindest im Moment bringt es mir nichts".
- „Es ist gut mal zu sehen, wie es in einer normalen Familie aussieht".
- „Es ist mal was anderes als nur über Jesus und Gott zu reden".
- „Es ist eine gute Idee, junge Menschen zu motivieren, anderen Menschen zu helfen".
- „Ich frage mich, warum ich das nicht schon früher gemacht habe".
- „Ich war bei einer alten Frau, die sehr einsam ist und mir erzählt hat, dass sie keinen Kontakt mehr zu ihrer Tochter hat. Das hat mich traurig gemacht".
- „Man kann froh sein, wenn man ein gesundes Kind hat".
- „Es macht mich nachdenklich, dass der Stiefvater zwar da ist, sich aber nicht wirklich um die Kinder kümmert, sondern lieber Fernsehen schaut".
- „Sie freuen sich, wenn ich Freitag Nachmittag komme und mit ihnen spiele und spazieren gehe und fragen mich, wann ich wieder komme".
- „Das Ehepaar hat uns die Geschichte über ihr Kennenlernen erzählt. Das war eine schöne Geschichte".
- „Für mich war die erste Begegnung sehr schön. Wir haben viel erlebt und viel gelacht. Auch ernste Gespräche haben wir geführt und uns näher kennen gelernt".

Zum Schluss: Das hat uns eine Schülerin geschrieben. Das wünschen wir uns und hoffen, dass es auch so möglich wird:
„Ich finde das Projekt gut, so etwas sollte es in mehreren Schulen geben".

Michael Sternberg

Das Modell „ProReKo" in Niedersachsen – Berufsschulen als regionale Kompetenzzentren

Nach den Sachlagen aus dem schönen, beschaulichen Bayern kommen wir nach Niedersachsen. Wir haben ja bei uns im Land jetzt angefangen, genau wie das bei den anderen Bundesländern der Fall ist, die Schulen „umzubauen" und sie in Richtung Selbständigkeit zu bewegen.

Seit dem 1. Januar 2003 läuft unser Modellversuch und der läuft auch, wie in Bayern, bis 2007. Er hat eine bestimmte Struktur, die ich Ihnen gerne vorstellen möchte. Ich werde allerdings dabei nur auf einige Schwerpunkte eingehen können. Für mich ist wichtig, dass der Modellversuch ProReKo den Religionsunterricht nicht in Frage stellt, sondern in diesem Zusammenhang zu sehen ist. Meine Aufgabe ist es im Haus, das heißt im Kultusministerium, die Geschäftsführung in der Geschäftsstelle zu übernehmen. Das ist schon ein Signal, dass unser Modellversuch hier außerhalb der Linie, wie man das in der Verwaltung vielleicht sagen könnte, angelegt ist, das heißt es gibt eine eigene Geschäftsstelle, die nichts anderes zu tun hat als das Projektgeschehen in diesem Modellversuch zu koordinieren.

Wir gehen für niedersächsische Verhältnisse davon aus, dass es ein sehr weitgehender Modellversuch ist, um die berufsbildenden Schulen umzubauen. Um das einmal von der Situation deutlich zu machen: Es ist so, dass wir in Niedersachsen ungefähr 7,9 Millionen Einwohner haben, ein Flächenbundesland mit einer sehr großen Ausdehnung. Am Modellversuch beteiligt sind 19 von unseren ca. 140 berufsbildenden Schulen, die wir in unserem Land haben. Diese berufsbildenden Schulen, die daran beteiligt sind, sind durchaus sehr unterschiedlich strukturiert. Da gibt es die reine „Mono-Berufsschule", die sich im Grunde nur mit ein, zwei Berufsfeldern auseinandersetzt, oder eben eine sehr große Berufsschule wie die in Bersenbrück, von der Herr Böhmer ja kommt, der ihnen die Umsetzung des Modellversuchs in seiner Schule erläutern wird.

Wir haben den Modellversuch so aufgestellt, dass er von der internen Organisation her angelegt ist. Es gibt ein Auftraggeber-Auftragnehmerverhältnis. Der Kultusminister ist Auftraggeber für die dementsprechende Landesprojektgruppe, die auf Landesebene die bestimmten Projektinhalte zu erarbeiten hat,

Ergebnisse vorbereitet und dann wiederum als Auftraggeber für die 19 Projektschulen auftritt. Dadurch gibt es eine innere Verknüpfung in dem gesamten Projektgeschehen, so dass eine Berichtslage entsteht von unten nach oben, von den Schulen an die Landesprojektgruppe und von der Landesprojektgruppe an den entsprechenden Auftraggeber. Der Kultusminister entscheidet dann zu gegebener Zeit, welche Elemente im Rahmen von umfangreichen Freigaben während des Projektes schon auf alle berufsbildenden Schulen übertragen werden sollen; Situationen, die dann einheitlich frei gegeben werden für die Modellversuchsschulen, also zur Erprobung.
Diesen letzt genannten Fall hatten wir zum Beispiel im Bereich unserer Schulverfassung, denn wir weichen an den Modellversuchsschulen ab von den Organen aus dem niedersächsischen Schulgesetz.

Unser Modellversuch ist sehr umfassend von der Beteiligung her. Die Beteiligung ist so angelegt, dass wir in unserer Landesprojektgruppe neben dem Kernteam, das vom Auftraggeber kommt, d. h. dem Kultusminister und vielen Vertretern aus den Fachreferaten des Ministeriums, auch Vertreter der beteiligten Schulträger und aus unseren 19 Modellversuchsschulen mit eingebunden haben. Wir haben in Niedersachsen die Mittelbehörden abgeschafft, das heißt es gibt keine Bezirksregierungen mehr. Die Aufgaben der Schulaufsicht sind derzeit übertragen auf die so genannten Landesschulbehörden. Wir haben beteiligte Schulen in der Landesprojektgruppe, das heißt aus den Modellversuchsschulen sind einige Schulleiterinnen bzw. Schulleiter mit eingebunden in die Landesprojektgruppe und haben dementsprechend ein Auge auf die Vorgaben, bzw. auf die Ergebnisse, die dort erzeugt werden. Und wir haben an jeder einzelnen Schule eine entsprechende Projektarbeitsgruppe, die in diesem Zusammenhang aktiv ist. Darüber hinaus gibt es einen Beirat. In diesem Beirat sind inzwischen 17 Gremien vertreten, dementsprechend auch Vertreter der Kirchen. So können Arbeitsergebnisse präsentiert werden, bzw. auch dementsprechend gewürdigt und in den Gesamtzusammenhang eingeordnet werden.

Wir haben in unserem Modellversuch vier maßgebliche Schwerpunkte. Das eine ist: **wir wollen aus unseren berufsbildenden Schulen tatsächlich regionale und von Grund erneuerte Dienstleister machen, d. h. ein abgestimmtes Bildungsangebot auf die regionalen Bedürfnisse. Und das zweite Ziel ist: wir wollen die Qualität der schulischen Arbeit messbar verbessern.** Unterricht bzw. Unterrichtsergebnisse, Unterrichtsqualität zu messen ist eine recht individuelle und diffizile Angelegenheit. Die verschiedenen Arbeitsfelder, die wir in unserem Projekt haben, gehen von einem Kern aus. Das haben wir anfänglich vielleicht auch noch nicht so gesehen, aber die Modellerfahrung zeigt die Bedeutung der Einführung

3.0

eines Qualitätsmanagements nach dem Tool der European Foundation for Political Management (EFPM), die in einem bestimmten Raster eine Hilfestellung gibt, wie Qualitätsmanagement betrieben werden kann in einem Industrieunternehmen, aber auch in einer non-profit-Organisation oder auch in einer Schule. Da gibt es inzwischen in diesem Modellvorhaben eine weiter gehende Anpassung auf die schulspezifischen Bedürfnisse, sie steht damit im Mittelpunkt.

Ein weiteres Arbeitsfeld, das sich daran dann aufspannt, ist z. B. das **Arbeitsfeld der Bildungsangebote**. Im Rahmen der Bildungsangebote haben die Schulen die Möglichkeit, ihr Bildungsangebot abzustimmen auf die regionalen Bedürfnisse. Im Bereich des Personalmanagements sind wir für solche Modellversuchsschulen an der Stelle, dass wir die kompletten Befugnisse auf die Schulen übertragen haben, d. h. der Schulleiter ist Dienstvorgesetzter, die Schule ist Dienststelle und dementsprechend ist natürlich dort ein großer Umfang an personalrelevanten Handlungen vorzunehmen. Genau für diese Dinge gibt es Lösungsansätze.

Ein drittes Arbeitsfeld ist die **Budgetierung**, d.h. Modellversuchsschulen haben ein so genanntes Globalbudget. Das bedeutet, die gesamten Personalkosten bzw. auch wesentliche Anteile aus den Schulträgerbudgets sind ihnen zur eigenen Bewirtschaftung übertragen worden. Darüber gibt es mit den Schulen und den Schulträgern eine entsprechende Budgetvereinbarung, so dass auch hier den Schulen eine hohe finanzielle Verantwortlichkeit zukommt.

Ein wichtiges Arbeitsfeld ist die **Schulverfassung**, das bedeutet, wir haben in den Modellversuchsschulen eine ganz erhebliche Abweichung von den Organen aus dem niedersächsischen Schulgesetz. Wir haben dort Organe wie z. B. den Schulbeirat oder den Schulvorstand, und diese Organe haben an den Schulen natürlich bestimmte Aufgaben und so finden wir an den Schulen keine Gesamtkonferenzen mehr.

Darüber hinaus gibt es zwei Arbeitsfelder, die mehr auf der Ebene der Landesprojektgruppe liegen, also nicht mehr auf der Ebene der Schule. Das sind die Arbeitsfelder Steuerung- und Unterstützungssysteme. Im Bereich Steuerung muss geschaut werden, wie kann denn tatsächlich vom Land aus eine Schule gesteuert werden, denn selbständig verstehen wir anders, als in einem rechtsfreien Raum zu handeln. Sondern selbständig heißt, im Rahmen von bestimmten Möglichkeiten die Ressourcen, die zur Verfügung gestellt werden, so gut wie möglich einzusetzen und darüber natürlich auch einen gewissen Nachweis zu führen. Wie diese Nachweisführung erfolgt, wird im Bereich des Arbeitsfeldes Steuerung überlegt, denn wenn ich den Schulen einen gesamten Stellenplan zur Bewirtschaftung gebe, dann muss ich natürlich auch schauen, ob das ganze auch sinnvoll eingesetzt ist. Das letzte Arbeitsfeld, auch auf der Ebene der Landesprojektgruppe, ist der Arbeitsbereich Unterstützungssysteme, denn auch hier muss den Schulen dann wieder Hilfestellung gegeben werden. In welcher Art und Weise können denn tatsächlich die personalrelevanten Handlungen umgesetzt werden? Was muss an der Schule erfolgt sein? Welche Voraussetzungen müssen erfüllt sein dafür?

Im Bereich der Bildungsangebote gibt es ein wesentliches Preis- und Leistungsversprechen. Das Arbeitsziel ist hier nachfrageorientierte Angebote zu haben, das heißt die Schule steht auch für berufsvorbereitende Ausbildung usw. Hier geht es also tatsächlich darum, das Bildungsangebot abzusichern durch entsprechende Rückkopplung mit dem abnehmenden Markt. Das soll eben in Kooperation bzw. in Übereinstimmung mit den an der beruflichen Ausbildung vor Ort Beteiligten geschehen.

> Dafür kennen wir drei wesentliche Säulen: „regionale Bildungsangebote", „individuelle Bildungsangebote" und „neue Produkte". Die „regionalen Bildungsangebote" stellen im Grunde das Pflichtprogramm unserer ProReKos dar. Hier sind die schulrechtlich geregelten Bildungsgänge, die angeboten werden nach der Verordnung der berufsbildenden Schulen. Sie dienen zur Schulpflichterfüllung, ihre Anrechenbarkeit ist geregelt, diese Bildungsgänge sind gebührenfrei. „Individuelle Bildungsangebote" bilden das Förderprogramm eines regionalen Kompetenzzentrums, das heißt hier sind Fördermaßnahmen oder Zusatzqualifikationen zu erhalten, hier werden leistungsstärkere, bzw. leistungsschwächere Schüler angesprochen, sie haben keine Relevanz für die Schulpflichterfüllung, sind im Grundsatz kostenfrei, nur für die Ausstellung, Konzept und Planung können gegebenenfalls Gebühren erhoben werden. Die dritte Säule „neue Produkte" in unserem Arbeitsbereich Bildungsangebote ist das so genannte „Kürprogramm".

Das stellt ein bisschen ab auf Weiterbildungsmaßnahmen, zusätzliche Kurse vielleicht für die Wirtschaft vor Ort, Bedarf bzw. Dienstleistungen, die hergestellt werden können, da ist das, was im Bereich „neue Produkte" entwickelt wird. Diese Dinge sind außerhalb der schulrechtlichen Vorschriften geregelt, sie haben eine ganz brisante, private, steuerliche Relevanz, da sind wir im Klärungsprozess auch noch nicht ganz fertig. Diese Dinge sind für die Teilnehmerinnen und Teilnehmer natürlich dann auf jeden Fall kostenpflichtig. Was eine Schule macht im Bereich der „neuen Produkte", darf nicht die Ressourcen, die für das Pflichtprogramm nötig sind und zur Verfügung gestellt werden, beeinträchtigen

3.0

oder beanspruchen. Damit stellt sich ein komplexes Bild der gesamten Bildungsangebote für die regionalen Kompetenzzentren dar.

Abweichungen von folgenden Vorschriften sind möglich: Schwerpunktebildung, Fachrichtungen, die Orientierung der Ausbildung kann in bestimmtem Rahmen verändert werden, Bezeichnung zentraler Prüfungen, Bezeichnung der Zahl der Prüfungsfächer, Abweichungen von der Stundentafel. Auch Nachfrageorientierung ist ein wesentlicher Aspekt, denn unsere regionalen Bildungszentren sollen sich absichern am Markt und sollen sich Rückkopplung verschaffen, so dass tatsächlich Marktanalyseinstrumente entwickelt werden. Das Bildungsangebot soll auch tatsächlich eine Nachfrage erfahren und nichts eingereicht werden, was zwar im Interesse der Schule liegt, aber sich eben am Markt im Grunde nicht vermitteln lässt, weil keine Interessenlage vorhanden ist.

In diesem Sinne ist es dann natürlich interessant, noch einmal in die Entfaltung der Schulverfassung hinein zu sehen, weil ein neues Bildungsangebot immer im Konsens eingerichtet wird zwischen dem Schulvorstand und dem Schulbeirat. Da ist eine gewisse Sicherungsschleife, eine Reißleine eingezogen, so dass eine Schule hier nicht wild wuchernd ihre Bildungsangebote einrichten kann, sondern das im Konsens mit dem entsprechenden Schulbeirat zu tun hat. Das führt dazu, dass regional spezifische Bildungsangebote eingerichtet werden können, die eben den regionalen Gewerbelauf treffen und die z. B. an einem regionalen Kompetenzzentrum in Bersenbrück ganz anders aussehen als an einem regionalen Kompetenzzentrum in Hannover.

Für den Religionsunterricht bedeutet das im Bereich der Bildungsangebote: er steht insgesamt nicht zur Disposition. Das ist insofern durch den Sachstand, den ich ihnen ganz kurz präsentieren darf, auch zu untermauern.

Die Unterrichtsversorgung in evangelischer Religion liegt an öffentlichen berufsbildenden Schulen im Augenblick in Niedersachsen bei traurigen, aber immerhin 52,3%, ist im Bereich der regionalen Kompetenzzentren etwas höher, nämlich 53,4%. Im Fach katholische Religion liegt er an berufsbildenden Schulen im Augenblick bei 82,2% und in den regionalen Kompetenzzentren bei 80,7%, das heißt etwas niedriger.

Wenn man das einmal in Relation setzt, Niedersachsen ist ein natürlich schwerpunktmäßig durch Menschen evangelischer Konfession geprägtes Land, dann haben wir wieder eine Besserversorgung nach der Relation gewichtet an den ProReKoschulen von knapp 3%, so dass die eingangs vielleicht geäußerte

Befürchtung, dass regionale Kompetenzzentren zwangsläufig zu einer schlechteren Versorgung führen könnten, im Bereich des Faches Religion nicht zutrifft.

Norbert Böhmer
„ProReKo" – Umsetzung am beruflichen Schulzentrum Bersenbrück/Niedersachsen

An unserer Schule bin ich stellvertretender Schulleiter und auch Religionslehrer. Als ich damals 1986 eingestellt worden bin, sollte ich eigentlich für das Fach Religion eingestellt werden. Der katholische Schulleiter hatte einen konservativen, katholischen Hintergrund. Aber ich wurde in Technik eingesetzt, das war damals, obwohl wir noch keine selbständige Schulen hatten, genauso: man wurde da eingesetzt, wo man gebraucht wurde.

Bersenbrück liegt von Osnabrück 35 km nördlich, ca. 8000 Einwohner. Wir haben etwa 5700 Einwohner. Die Landgemeinde ist ein bisschen größer. Wir sind die einzige Bündelschule in diesem Nordkreis, d.h. alle jungen Frauen und jungen Männer, die sich in der beruflichen Bildung auf den Weg machen, müssen in der Regel auch zu uns kommen. Wir sind eine ländliche Gegend mit kleinen und mittleren Handwerksbetrieben und hohem Migrantenanteil in der Bevölkerung, vor allem geprägt von Aussiedlern aus den neunziger Jahren. Eine hohe Arbeitslosigkeit belastet unsere Region.

Bündelberufsschule bedeutet, dass wir in folgenden Bereichen ausbilden: Verwaltung, Gesundheit, Sozialpflege, Landwirtschaft, Informationstechnik, Berufsvorbereitungsjahr. Ich finde das breite Angebot unserer Schule schön, weil das die Möglichkeit zum Lernen vom Anderen schafft, von der Wirtschaft, von der Pflege oder von der Pädagogik.

Einige Zahlen zu unserem Schulsystem: Im Jahr 2005 hatten wir 2919 Schülerinnen und Schüler insgesamt, davon Vollzeitschüler 1182, (1999 – das ist gerade mal 6 Jahre her, hatten wir nur 897 Vollzeitschüler), und Teilzeitschüler 1137 (in 1999 waren es 1390). Wir haben 130 Kolleginnen und Kollegen im Hause, davon sind 11 Lehrer und Lehrerinnen für Religionsunterricht. Hinzu kommt eine Referendarin, also 12 Kollegen und Kolleginnen, die unterschiedlich eingesetzt werden, von einer Stunde bis siebzehn Stunden - letztere sind die katechetischen Lehrkräfte. Wir haben einen evangelischen Berufsschulpastor, einen katholischen Theologen und eine katholische Lehrkraft, die jeweils Religionsunterricht erteilen für jeweils 12-15 Stunden. Das ist auch schon eine ganz gute Verbindung zur Kirche hin, denn sie haben Stellenanteile in den Kirchen.

Wie sind wir dazu gekommen ProReKo mit zu übernehmen?
Wir waren schon vorher aktiv. Wir haben von 1998 bis 2003 ein Schulprogramm entwickelt. Wir haben schon seit 2000 eine Personalkostenbudgetierung, d. h. wir hatten in der Summe von fünf Lehrerstellen Geld zur Verfügung, das wir ausgeben konnten für Lehrkräfte, aber auch für Fort- und Weiterbildungen. Wir sind an einem wichtigen Projekt beteiligt gewesen: „Leitstelle der Region des Lernens". Das war ein regionales Projekt von 2001-2004. In Bersenbrück und Umgebung, das sind ungefähr 1000 Quadratkilometer, sollte der Übergang von allgemeinbildenden Schulen zum Beruf verbessert und vereinfacht werden. Das ist mittlerweile so gut gelaufen, dass wir mit allen allgemeinbildenden Schulen bei uns in der Region einen Kooperationsvertrag haben. Wir wollen gemeinsam Qualitätsstandards erstellen: Wie ist der Übergang? Was muss eine Schülerin/ ein Schüler aus der Hauptschule wissen, wenn er eine bestimmte Ausbildung machen will? Wir sind mit Fachpraxisleitern und Theorielehrern ungefähr 115 Stunden an diese allgemeinbildenden Schulen gegangen. Dann kam die nächste Phase: Wie läuft der Übergang von der Schule in den Beruf? Wie steht es mit der Fach-Praxis? Wie muss er/sie lernen? Wie geht es mit Metall, Bau, Holz und den anderen Bereichen? Also sind unsere Fachpraxislehrer zu der allgemeinbildenden Schule hingegangen. Teilweise sind die Schüler auch zu uns gekommen und haben am Unterricht teilgenommen. Das wünschte auch z. B eine katholische Schule in Schwarzdorf, die Marienschule. Auch diese Schule gehört zu unserer Region, und sie ist angesehen, macht gute Arbeit, hat eine gute Schulleiterin, die sehr rege mitarbeitet. Dort geben wir ca. vier oder fünf Stunden, anfangs war das v.a. Informationstechnologie und jetzt ist es auch fachpraktischer Unterricht, der dort gegeben wird. Mittlerweile hat sich im Gespräch mit der Kirchenleitung ergeben, dass Möglichkeiten bestehen, die Zusammenarbeit auch zu finanzieren.

Das Projekt „UbS" (Umstrukturierung der berufsbildenden Schulen) mündete dann ab 2003 in das Modell „ProReKo"; wir waren in diesen Projekten ja schon aktiv und jetzt wollten wir auch die „Projektdividende", denn für die Teilnahme am Projekt „ProReKo" gibt es für die teilnehmenden berufsbildenden Schulen 30 Lehrerwochenstunden, die dann für schuleigene Projekte umgesetzt werden können und in der Schule dann autonom verteilt werden können.

Zum Abschluss des Projekts haben wir die BBS Bersenbrück unter der Beteiligung aller gesellschaftlicher Gruppen in eine organisatorisch und pädagogisch eigenverantwortliche Schule mit einem sinnvollen beruflichen Bildungsangebot zur fachlichen und persönlichen Kompetenzentwicklung mit verbindlichen und transparenten Qualitätsstandards entwickelt und zu einer Verbesserung der Akzeptanz und Zufriedenheit aller am Bildungsprozess in der Region Beteiligten beigetragen. Das war unser Globalziel und wir sind da auf dem Weg. Die sieben Arbeitsfelder sind dabei die folgenden:

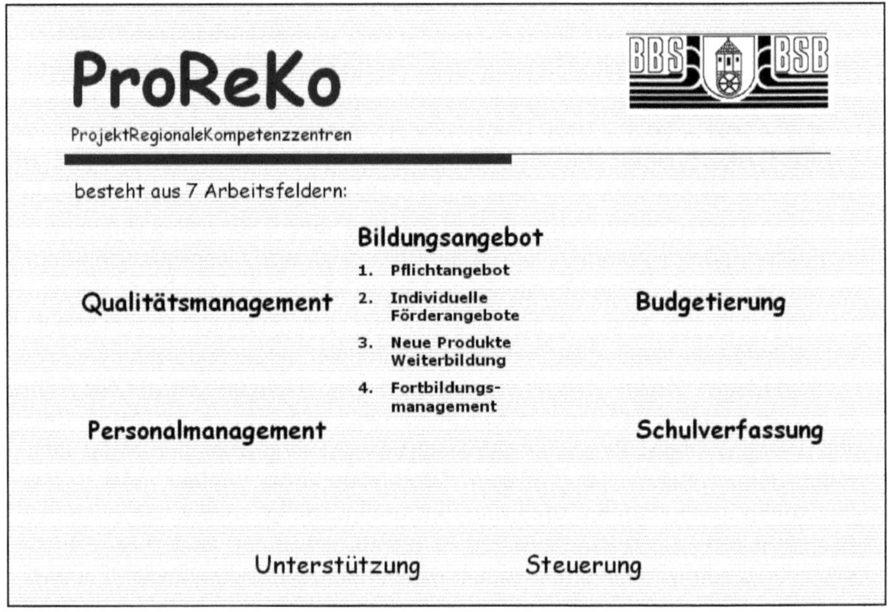

Der Religionsunterricht gehört für uns als etwas Wichtiges dazu. Dass er auch weiterhin dazu gehört wird, belegt unser gemeinsames Schulprogramm deutlich:

„Der Unterricht an berufsbildenden Schule soll die Schülerinnen und Schüler optimal auf die Bewältigung der zukünftigen Lebenssituation als Arbeitnehmer oder Unternehmer, als verantwortungsbewusster Verbraucher und Staatsbürger vorbereiten. Wir möchten ein Klima schaffen, in dem sich alle Mitglieder der Schulgemeinschaft mit Wertschätzung und Toleranz begegnen und ihre Persönlichkeitsentwicklung vervollkommnen können. Die Lehrerinnen und Lehrer sollen in Teams mit regem Erfahrungsaustausch zusammen arbeiten, Arbeitszufriedenheit und Freude am Lernen soll für Schüler und Lehrerschaft die Basis einer fruchtbaren Zusammenarbeit bilden, gute Arbeitsbedingungen können beim Planen der Entwicklung helfen".
Ich denke das sind Aussagen im Schulprogramm, die verbrieft sind und darauf kann sich jeder berufen, damit kann auch der Zusammenhang zum Religionsunterricht hergestellt werden.

Durch dieses Projekt „ProReKo" kamen Kolleginnen im Bereich des Friseurhandwerks darauf, z. B. Schülerinnen so zu betreuen, dass sie das Lernen selbst lernen, dass sie aber auch immer wissen, wo sie stehen. Die beiden unteren Soziallehrgänge der Berufsfachschule Kinderpflege haben bei uns die Eingangsvoraussetzung Hauptschule. Das sind teilweise sehr schwierige Schülerinnen und Schüler, die dann mit ihrem eigenen schwierigen Sozialverhalten als Praktikanten in die Familien müssen und in die Einrichtungen - das führt zu problematischen Situationen. Die Schüler mussten zunächst lernen, wie geht man überhaupt miteinander um. Dazu haben wir Trainerinnen von außen geholt. Diese haben mit ihnen gearbeitet. Das ging nur, weil wir ein eigenes Budget haben und wir diese Trainerinnen bezahlen können. Oder die musisch-kulturelle Bildung als Wahlpflichtkurs mit dem Theater des katholischen Zentrums für die Berufsvorbereitungsjahrschülerinnen oder ebenso auch im Bereich der Pflege oder auch in der höheren Handelsschule, also der Berufsfachschule Wirtschaft. Die Schüler müssen auch musisch-kulturell gebildet werden und deshalb haben wir dieses Angebot gemacht.

Unsere „neuen Produkte in der Weiterbildung" sind z. B. Qualifikationen im unteren Bereich: Professionalisierung für Praxisanleiter und –anleiterinnen für Pflegedienstleistungen in der Altenpflege. Die Interessenten kommen bei uns ins Haus: Wir sind Anbieter und werden auch bezahlt. In der Regel kommen hier kirchliche Häuser.

In der Altenpflege hat der Religionsunterricht ebenfalls eine zentrale Bedeutung. Letztens hatte ich zwanzig Personalräte unseres Schulträgers im Hause, die führte ich durch die Schule und hörte: „Schau mal, da hängt ja ein Kreuz an der Wand." Da hing tatsächlich ein Holzkreuz - das ist ja bei uns im Norden nicht immer so üblich. „Ja", sage ich, „das ist kein Problem, darüber hat sich noch keiner beschwert. Ja, es hängt einfach da."

Auch die „Methodenschulung nach Klippert" wird bei uns sehr eingeübt. Wir haben ja alle eine Ausbildung zum Berufsschullehrer vor vielen Jahren gemacht, was haben wir seitdem gemacht an Fortbildungen? Methodisch? Wir sind fachlich gut, das haben uns die Schüler bestätigt, aber methodisch nicht. Da arbeiten wir dran. Aber auch wieder angemerkt: Das Geld ist da, wir können es so ausgeben, wie wir es wollen.
Nur eine kurze Anregung: Wir evaluieren jährlich mit einem „Schüler-Fragebogen zur Evaluation der Unterrichtsarbeit und Schulsituation". Wir haben an unserer Schule einen Schülerfragebogen entwickelt, der mittlerweile nicht nur unter den „ProReKo" Schulen sondern auch an mehreren beruflichen Schulen Nieder-

sachsens eingesetzt wird, wo die Schüler uns am Ende des Schuljahres 38 Fragen beantworten. Danach setzen sich die Teams zusammen und schauen: Welches Ziel nehmen wir uns vor? Was hat sich verbessert? Welche Maßnahmen müssen wir ergreifen?

Wir haben einen Verwaltungsleiter für diese vielen Arbeiten und Aufgaben. Diesen haben wir eingestellt und er wird von uns bezahlt. Wir haben ein Totalbudget. Das Geld wird aufgeteilt in die Fachbereiche und in die Teams hinein. Auch das Religionsteam, das wir an unserer Schule haben, hat ein eigenes Budget und verwaltet das selbst. Wenn Vertreter der Kirche sagen: „Religionsunterricht an der Bersenbrücker Berufsschule wird viel zu wenig erteilt", so wäre jetzt eine Möglichkeit zur Klärung über Gespräche auch innerhalb der Schule gegeben.

Es gibt bei uns den Schulbeirat und den Schulvorstand. Aber die Schulen mussten sich vorher selbst zu „ProReKo" entscheiden, d.h. zuvor gab es noch eine Gesamtkonferenz, Die Gesamtkonferenz musste sagen: „Ja, wir wollen an ProReKo teilnehmen!" Unser Schulvorstand mit 25 Mitgliedern, der Personalrat und auch das Kollegium mussten auch zu einer Zustimmung bereit sein.

Im Koordinationsbereich 5 „Allgemeinbildende Fächer", ist auch das Team Religion angesiedelt. Das heißt, sie können von dort Ideen und Wünsche in den Schulvorstand hineinbringen.

Um das Leitbild für unsere Schule mit Leben zu füllen, bedarf es einerseits des selbständigen Handelns, andererseits der Bereitschaft zur Rechenschaftslegung bei allen Beteiligten. Wir wollen nicht passiv auf Anweisungen warten, sondern aktiv und vertrauensvoll mit unseren Kooperationspartnern nach Lösungen für die jeweils anstehenden Probleme suchen. Neben der Schülerschaft sind Eltern, Betriebe, Kammern, allgemeinbildende Schulen, Vereine, Verbände, die regionalen Kommunen und die Kirchen dabei wichtig. So will es das gemeinsam vereinbarte Schulprogramm.

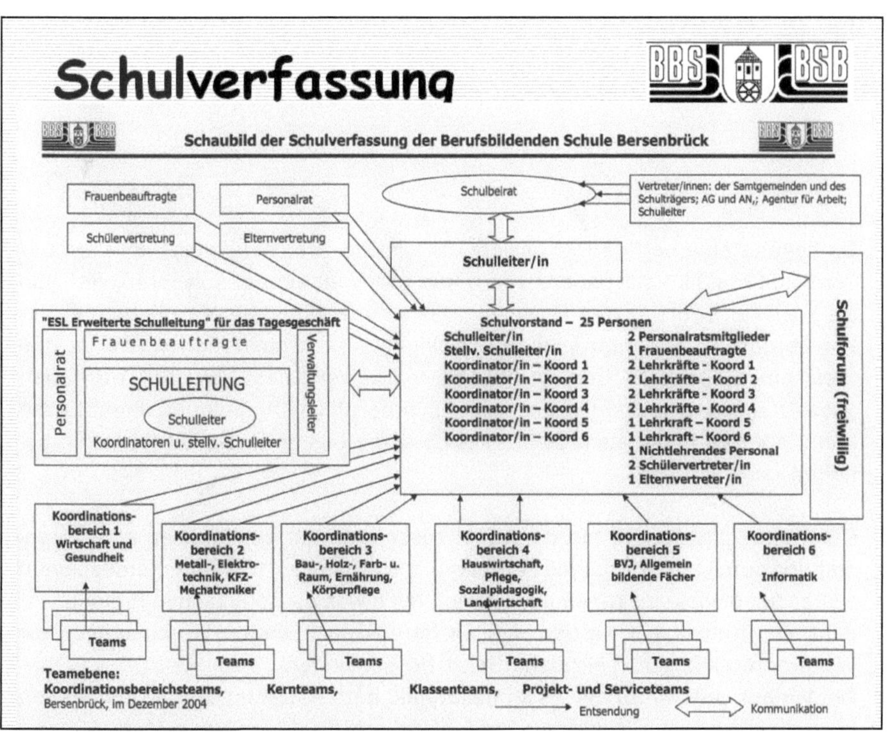

Schulverfassung
BBS BSB
Schaubild der Schulverfassung der Berufsbildenden Schule Bersenbrück
Frauenbeauftragte
Personalrat
Schulbeirat
Vertreter/innen: der Samtgemeinden und des Schulträgers; AG und AN,; Agentur für Arbeit; Schulleiter
Schülervertretung
Elternvertretung
Schulleiter/in
"ESL Erweiterte Schulleitung" für das Tagesgeschäft
Frauenbeauftragte
Personalrat
Verwaltungsleiter
SCHULLEITUNG
Schulleiter
Koordinatoren u. stellv. Schulleiter
Schulvorstand – 25 Personen
Schulleiter/in
Stellv. Schulleiter/in
Koordinator/in – Koord 1
Koordinator/in – Koord 2
Koordinator/in – Koord 3
Koordinator/in – Koord 4
Koordinator/in – Koord 5
Koordinator/in – Koord 6
2 Personalratsmitglieder
1 Frauenbeauftragte
2 Lehrkräfte - Koord 1
2 Lehrkräfte – Koord 2
2 Lehrkräfte - Koord 3
2 Lehrkräfte - Koord 4
1 Lehrkraft – Koord 5
1 Lehrkraft – Koord 6
1 Nichtlehrendes Personal
2 Schülervertreter/in
1 Elternvertreter/in
Schulforum (freiwillig)
Koordinations-bereich 1
Wirtschaft und Gesundheit
Koordinations-bereich 2
Metall-, Elektro-technik, KFZ-Mechatroniker
Koordinations-bereich 3
Bau-, Holz-, Farb- u. Raum, Ernährung, Körperpflege
Koordinations-bereich 4
Hauswirtschaft, Pflege, Sozialpädagogik, Landwirtschaft
Koordinations-bereich 5
BVJ, Allgemein bildende Fächer
Koordinations-bereich 6
Informatik
Teams
Teams
Teams
Teams
Teams
Teams
Teamebene:
Koordinationsbereichsteams,
Kernteams,
Klassenteams,
Projekt- und Serviceteams
Bersenbrück, im Dezember 2004
Entsendung
Kommunikation

H.-D. Speyer
Das Modell „Selbstverantwortung plus"
in Hessen

Da begann eine heftige Diskussion, als wir Ende der neunziger Jahre mit der Lernfeld-Didaktik konfrontiert waren und alle Welt schrie, sowohl für Religion als auch für Deutsch zum Beispiel: „Das ist quasi das Aus für unsere Fächer. Wir werden vereinnahmt in die Entwicklung von Lernsituationen. Wo ist das Profil eines Faches?" Und da haben wir uns vehement gewehrt, wir haben gesagt: „Ja, das ist richtig, dass ein Fach berufliche Ausbildung unterstützen kann, aber es muss auch sein, dass es seine Eigenständigkeit weiterhin behalten kann."

Das Kultusministerium hat daraufhin zusammen mit den Kirchen eine Veranstaltung durchgeführt, um die Lehrpläne, die existieren, für beide Konfessionen weiter zu entwickeln. Wir sind gespannt, auch was die schulischen Projekte angeht, die ja evaluiert werden, wie wir daraus noch weitere Verbindungen zur Weiterentwicklung der Lehrplanarbeit in Hessen finden.
Der Vorlauf, den wir für dieses Modellprojekt hatten, war im Grunde genommen vor vier Jahren eine Qualifizierungsmaßnahme für das mittlere Management, sprich Abteilungsleiterinnen und Abteilungsleiter, hauptsächlich in Hessen. Das sind ca. 750 Personen, auch Schulleiterinnen und Schulleiter konnten daran teilnehmen. Diese Veranstaltung ist sehr gut angenommen worden und wie sich herausstellt, war es eine hervorragende Zuarbeit für dieses Projekt.

In der Schulöffentlichkeit bestand eine Diskrepanz, als es darum ging: Wie viele Schulen nehmen teil? Welche Schulen nehmen teil? Und nimmt denn überhaupt meine Schule teil? Ursprünglich war es in Hessen geplant, von 110 beruflichen Schulen haushaltsmäßig zehn Schulen zu berücksichtigen, deren Ergebnisse dann nach fünf Jahren in den landesweiten Transfer kommen sollten. Dann schaukelte sich die Zahl auf fünfzehn und heraus gekommen sind siebzehn am Modellversuch teilnehmende berufliche Schulen. Schulen, von denen ich das gedacht hätte, die ich sehr gut kenne, haben sich nicht beteiligt. Warum? Antwort des Schulleiters: „Nein, ich gebe doch meine Selbständigkeit nicht auf, ich lasse mich doch nicht in ein Modellprojekt einbinden, in dem ich dann noch Bedingungen erfüllen muss. Das mache ich nicht, da bin ich weiter." Und andere sagten, oder sagten es vielleicht indirekt: „Ich nehme Teil, ich versuche mein Kollegium dahin zu bringen, die mussten nämlich mehrheitlich abstimmen, das könnte ja ein Schub werden."

Und als ich mir die Schulen angeschaut habe, da fragte ich mich, welche Schulen an dem Modellprojekt teilnehmen: Noch nie in einer Fortbildung, noch nie in einer Projektarbeit, ein relativ schlechtes Schulprogramm: Was machen die eigentlich? – Diese Schulen wollten vom ersten Tag an das Projekt dafür nutzen, um die ersten Schritte in diese Richtung zu lernen – und hier entstand eine Diskrepanz. Der Anspruch des Modells war ja, dass Schulen den Weg einbringen, auf dem sie bereits sind.

Am Modell „Selbstverantwortung plus" nehmen 17 Schulen teil. Arbeitsschwerpunkte sind: Selbstverantwortung im Bereich Unterrichtsqualität, Organisation, Personal, Budget und regionales Bildungsnetzwerk.

Heinz Metternich
„Selbstverantwortung plus" in Hessen – Umsetzung an der Peter-Paul-Cahensly-Schule, Limburg/Lahn

Für das Modell „Selbstverantwortung plus" (S-plus) haben wir in Hessen eine ganze Menge von einer Region gelernt, die uns zwei Jahre voraus ist. Man kann in unserem Modell sehr viel entdecken, was eigentlich ProReKo ist. Wir haben schon sehr genau uns angeschaut: Was machen die anderen Bundesländer?

Schulen müssen die entsprechenden Ausgangssituationen mitbringen. Eine der wichtigsten Ausgangssituationen solcher Schulen ist: Sie müssen das Kollegium mitnehmen und wenn es geht: alle. Nicht nur 50%, das genügt nicht. Unterricht wird von den Kollegen gemacht, nicht von der Schulleitung. Und daher muss eine Philosophie in der Schule auch leben.

Nun aber zu Hessen. Zielsetzung ist und war: wir wollten eine neue Philosophie bei Schulen entwickeln. Wir wollten weg von der so genannten Input- Philosophie und hinein in die Output-Philosophie. Das hat auch etwas mit der Diskussion der Bildungsstandards zu tun. Und wenn wir die Schulen heute steuern wollen nach Output-Kriterien heißt das, wir müssen sie steuern nach Qualitätskriterien. Die 17 Schulen in Hessen hatten unterschiedliche Motivationslagen, am Modellprojekt teilzunehmen. Es waren Motivationshebungen im Bereich „Qualität", aber auch im Bereich „Bestandserhaltung". Es gab etwa 3 Schulen, die am Ende ihrer Möglichkeiten waren in Fragen der Gestaltung von Schule. Die Schule, die ich Ihnen im Folgenden vorstellen möchte, ist schon längst über Dinge hinausgegangen, die man normalerweise auf Grund einer Schulverfassung eines Landes machen dürfte. Wir brauchten aber diese Mechanismen, um auch Entscheidungen so zu treffen, dass wir uns letztendlich evaluieren lassen können, dürfen und wollen.

Die hier dargestellte Schule ist eine Schule, in der ich als Schulleiter arbeite. Gleichzeitig, das hat Charme, bin ich zuständig im Kultusministerium für einen bestimmten Projektbereich auf der hessischen Ebene. Also kann das, was ich mir theoretisch vorstelle, dann auch an einer Schule, an der ich arbeite, umsetzen. Das hat mit Sicherheit auch gewisse Vorteile. Aufgebaut wurde das Modellprojekt mit 17 Schulen, nach drei Jahren sollen etwa 30 Schulen eingebunden sein. Wir werden, das ist die Aussage der Hausspitze, am Ende des Schulversuches etwa 500 Schulen in das System überführen, also die 500 größten Schulen.

Hier besteht auch eine Differenz zu ProReKo: Während ProReKo in vielen Fällen Rahmenbedingungen vorgegeben hat, auch in Handbüchern, macht das Hessen nicht. Hessen ist ein „Bottom-Up-Modell". Dieses „Bottom-Up-Modell" ist abgesichert durch eine Experimentierklausel im hessischen Schulgesetz, d. h. die 17 Schulen bewegen sich, wenn sie das so wollen, in einem rechtfreien Raum, den sie selbst ausgestalten – und zwar für fünf Jahre. Und dieser rechtsfreie Raum ist auf die Schule bezogen zunächst einmal zu testen und dann auf der hessischen Ebene wieder zusammen zu fügen.

Ich möchte mit im Folgenden drei Punkte betrachten: zum einen der jetzige Stand einer „S plus Schule", dann der Modellversuch ganz kurz nur dargestellt, und dann die Auswirkungen auf das Fach Religion.

Die Schule, die ich Ihnen ganz kurz darstelle, ist eine kaufmännische Schule - mit einer Ausnahme: sie besitzt ein berufliches Gymnasium. Hier sind die Bereiche Wirtschaft, E-Technik, Maschinenbau, Informatik, usw. vertreten. Wir sind eingebettet in ein Berufsschulzentrum mit ca. 6000 Schülerinnen und Schülern. Das heißt: Das Zusammenleben mit dem Kollegium oder der Kollegien mit den Schülern ist auf die Größe dieses Campus abgestimmt und auch koordiniert. Das hat erhebliche Auswirkungen auf der Ebene der Teamarbeit zwischen den Schulen. Wir haben an unserer Schule 1608 Schülerinnen und Schüler, der Rest kommt von zwei anderen Schulen. Dann haben wir 56 Kolleginnen und Kollegen, die aus den berufsbezogenen Fächern heraus kommen und 24 Gymnasiallehrer. Interessant wiederum sind die Religionspädagogen: das sind nur auf diese eine Schule bezogen sieben und im Fach Ethik zwei.

Die Schule hat ein Leitbild, dieses Leitbild ist eingebaut in ein Schulprogramm. Dieses ist herunter gebrochen auf eine operationale Ebene. Wir haben hier eine oberste Zielsetzung und die darunter liegenden Ziele sind rational gegeben. Wir haben eine sehr enge Beziehung zu Stuttgart. Wir arbeiten in einem Bildungszentrum von Daimler-Chrysler, im Hause „Lämmerbuckel". Mit diesem Haus haben wir vor etwa zehn Jahren ein Zielvereinbarungssystem aufgebaut. Von daher leiten wir auf ein Jahr bezogen nach dem Grundsatz „Führung durch Zielvereinbarung". Das gesamte System ist auf präzise Einteilung ausgerichtet und wird auf ein Jahr gesteuert, in den wenigsten Fällen nachgesteuert. Diese Zielvereinbarung in Bezug auf Projekte ergibt sich für alle Teams im Haus. Eine, wie ich denke, Besonderheit der Schule ist die Organisationsform der Schule: Diese

4.1

hat, zumindest in der Aufbauorganisation, eine tragende Rolle für die selbstverantwortlichen Schulen insgesamt, nämlich die Matrixorganisation. Wir haben ein in Teams organisiertes System.

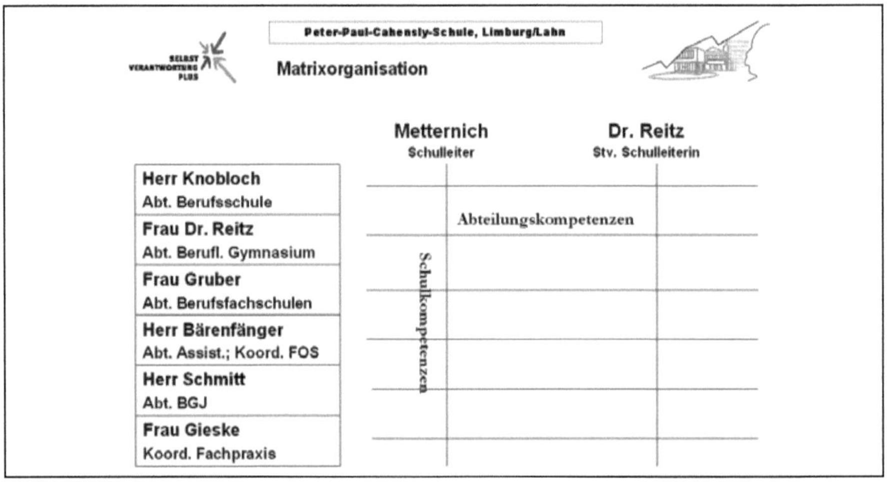

Das Schaubild zeigt nur die obere Fläche der Organisationsstruktur. Diese obere Fläche der Matrixorganisation impliziert einen Gesamtzusammenhang der Komplexität in den Schulfächern. Es gibt bestimmte Kompetenzen, die abgegeben sind. Diese Kompetenzen können generell auch alle Fachbereiche überschreiten. Es braucht dabei zahlreiche Absprachen, um die Probleme an den Schnittlinien zu besprechen und zu lösen. Im Prinzip braucht es ein Vereinbarungssystem auf ein Jahr hin, das im Vorfeld gemacht wird. Einmal flapsig dargestellt: Bis vor zehn Jahren haben wir Schüler aufgenommen, Prüfungen gemacht, usw. Dann sind so und so viele durchgefallen, so und so viele weiter gekommen. Das haben wir so nicht wieder erfahren. Die nächste Schülergeneration kam, es lief wieder so ab. Das heißt wir hatten eine Art von „Gleichmacherei" ohne die einzelnen Situationen von Schülern zu hinterfragen. Und bei beruflichen Schulen haben wir Hintergründe, die bei den allgemein bildenden Schulen vollkommen anders sind. Diese Schule beispielsweise hat 58 Schulen, die ihr zuarbeiten aus zwei verschiedenen Bundesländern. Also versuchen wir zunehmend die individuelle Schülerpersönlichkeit zu sehen:

a) Wo kommt sie her?
b) Welche schulischen Voraussetzungen sind dort?
c) Wie können wir diese Voraussetzungen auf eine Ebene bringen, wo wir beide Arbeiten können.

All dies lässt sich im Grunde sehr gut über ein Zielvereinbarungssystem machen. Wie wissen also jetzt mittlerweile im Halbjahr, woran wir sind, welches die Fälle sind, in denen wir sofort eingreifen müssen und auch sofort dem einzelnen Schüler Hilfe anbieten müssen - ob das jetzt heißt: Wechsel der Schulform oder etwas anderes. So etwas lässt sich bewerkstelligen, wenn definierte Standards vorhanden sind, wenn man Zielvorstellungen hat. Eine solche Organisationsform dürfte übrigens normalerweise gar nicht vorliegen - sie entspricht nicht der beamtenrechtlichen Struktur.

Ein interessanter Aspekt als Hintergrund: Es gibt einen Beschluss des hessischen Landtags vom 18. September 2003. Danach ist die Selbstverantwortung von Schulen zu entwickeln. Von daher ist ein breiter Konsens in diesen Bereichen hergestellt worden.

Ein ganz entscheidender Punkt ist die Steigerung der Qualität der Leistungen der Projektschulen. Dies ist das Kernhandlungsfeld. Alle Maßnahmen, die diesem Ziel nicht genügen, werden nicht weiter verfolgt. Das ist ein ganz interessanter Aspekt, der auch in der politischen Zielsetzung ganz klar war von Anfang an. Methoden um der Methode Willen darf es nicht geben: es muss Effekte bringen. Und diese Effekte liegen im Qualitätsbereich.

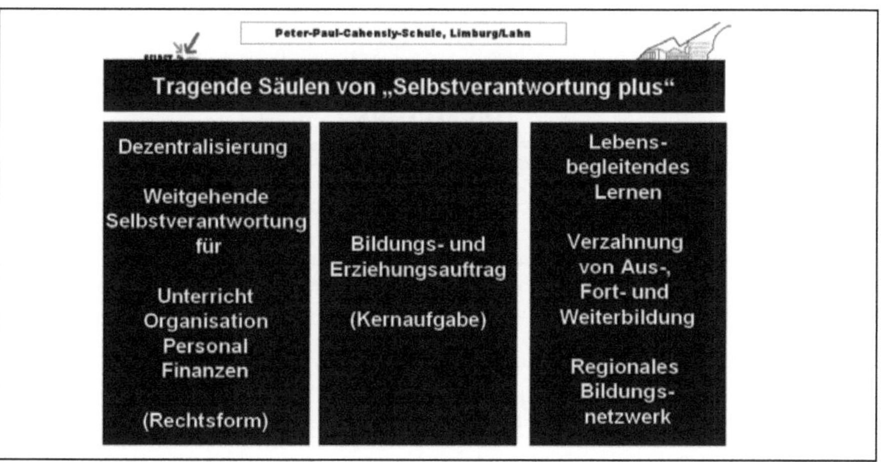

Im Mittelpunkt steht dabei die Entwicklung von Erziehungsaufgaben, nichts anderes. Und dieser Punkt ist per Verfassung geregelt. Daneben geht es beispielsweise um Dezentralisierung. Hierher gehört auch eine Negativ-Erfahrung, die wir machen mussten: Wir haben es immer wieder mit Gruppen zu tun, die einem

Systemwechsel sehr kritisch entgegen schauen, weil sie letztlich Macht verlieren. Und diese Machtfrage ist insbesondere in der Schulaufsicht virulent und führt in vielen Fällen zu Situationen und Entscheidungen, die eigentlich mit der Qualität von Schule überhaupt nicht zu tun haben. Wir wollen weitgehende Selbstverantwortung in Hessen verwirklichen im Bereich Unterricht, Organisation, Personal, Finanzen. (In Klammer bemerkt: wir brauchen auch eine neue Rechtsform; wir haben das in Hessen zurück gestellt auf Grund der momentanen noch sehr großen Widerstände aus dem Bereich der Verbände. Aber wir werden das anpacken.) Auf der rechten Seite der Darstellung finden sich: „Lebensbegleitendes Lernen", Bezahlung von Aus-, Fort- und Weiterbildung und, was wir eigentlich seit zehn, zwölf Jahren machen, wir sind regionales Bildungsnetzwerk und versuchen die Netzwerkstrukturen, die wir in der Region aufgebaut haben, zu nutzen.

Überblick zur Struktur von „Selbstverantwortung plus":

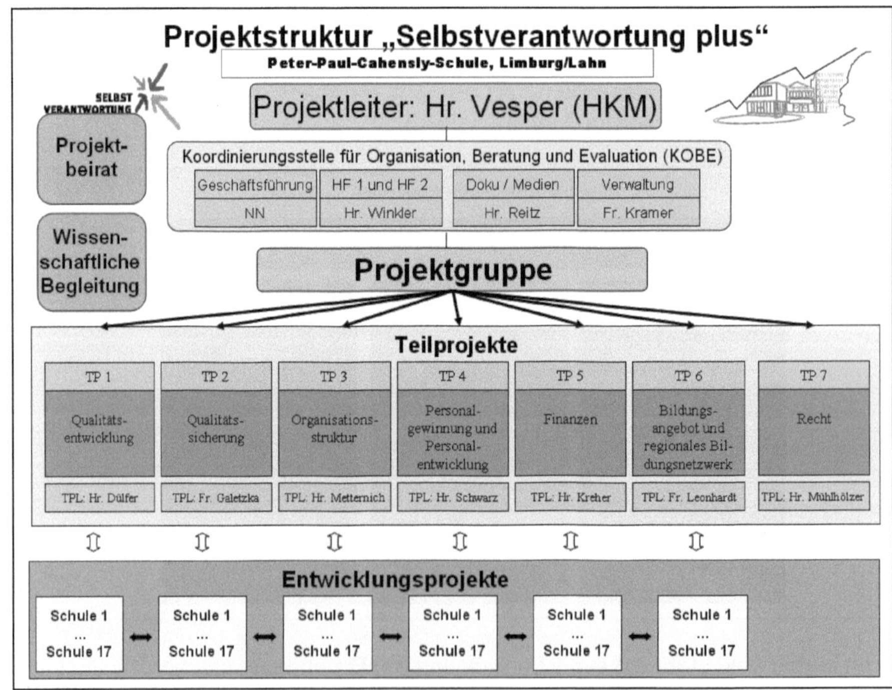

Das Projekt ist angesiedelt am hessischen Kultusministerium und wir haben hier die Ebenen TP1, TP heißt hier Teilprojekt, bis TP7. In dieser Eben wird gearbeitet und zwar erst einmal auf der Ebene des Kultusministeriums. Auf dieser Ebene haben wir Personen aus Schulaufsicht, dem hessischen Kultusministerium und Schulleiter, die besonders befähigt sind. Im Zentrum steht dabei die Qualitätssicherung und Qualitätsentwicklung. Die Qualitätssicherung, das ist für Hessen neu, wird im Moment umgesetzt durch ein eigenes Institut, nämlich ein Institut für Qualitätssicherung und -entwicklung.

Wir haben daneben mehr methodische Handlungsfelder, organisatorische Strukturen. Wir sind dabei ähnlich strukturiert wie ProReKo.

Wir übertragen nun die Arbeitsstruktur des Ministeriums auf die Schulen. Alle 17 Schulen arbeiten exakt nach demselben System:

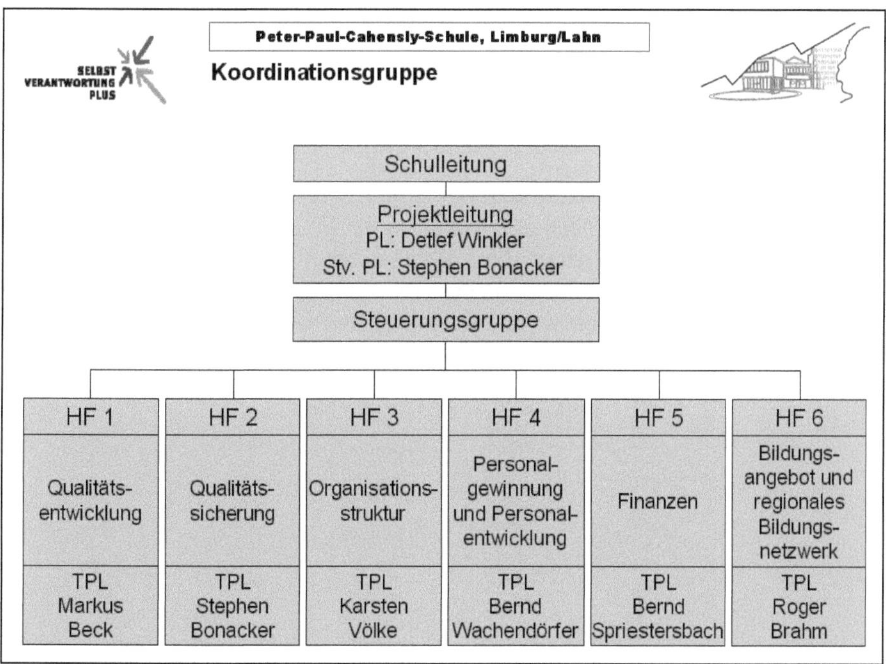

Das Modellprojekt hatte natürlich auch Auswirkungen für den Religionsunterricht: für uns war es neu, konfessionsübergreifend Gruppen zu haben auf Grund dieses Projektes. Wir arbeiten heute in Teams, die vorher nicht konfessionsübergreifend waren, in einem Gesamtzusammenhang. Diese Teams haben dann entsprechend auch Projektideen formuliert. Wir haben insgesamt ca. 34 Projektideen - in diesem Bereich sind es sieben oder acht.

Handlungsfeld Qualitätsentwicklung

Aufbau und Pflege einer Skript- und Aufgabendatenbank. Projektbereich Begleitendes Lernen

Psychosoziale Betreuung (Schulseelsorge). Projektbereich Individuelle Entwicklung

Raum der Stille. Projektbereich Lebensraum Schule

Was mich am meisten beeindruckt hat ist der Bereich „Psychosoziale Betreuung" innerhalb des Berufschulzentrums. In einem Bereich von 6000 jungen Menschen ein Gebiet einzurichten, das unseren Religionspädagogen Raum erspielt, ist hoch interessant. Und ich denke auch ein Bereich hier der lebenswichtigen Schulinhalte, dem wir nachgehen werden, ist ein Ruheraum.

Harald Wissmann

Qualitätsentwicklung und Qualitätssicherung an beruflichen Schulen in Baden-Württemberg – das Konzept „Operativ Eigenständige Schule" (OES)

Bildungspolitischer Hintergrund

Der in §1 des Schulgesetzes für Baden-Württemberg formulierte staatliche Erziehungs- und Bildungsauftrag verpflichtet die Schulen dazu, junge Menschen „auf die Anforderungen der Berufs- und Arbeitswelt mit ihren unterschiedlichen Aufgaben und Entwicklungen vorzubereiten". Veränderungen in Wirtschaft und Gesellschaft haben deshalb unmittelbare Auswirkungen auf das Bildungswesen. Die beruflichen Schulen sind wegen ihrer Nähe zum Beschäftigungssystem und als Partner der Wirtschaft in der Berufsausbildung davon besonders betroffen. Der Übergang von der Produktions- und Dienstleistungs- in die Informations- und Wissensgesellschaft erfordert eine rasche und flexible Reaktion, wie sie nur von einem neu ausgerichteten beruflichen Bildungswesen geleistet werden kann. Die einzelne berufliche Schule braucht eine Erweiterung ihres Handlungsspielraums, um die Schul- und Unterrichtsqualität eigenverantwortlich und passgenau zu den sich verändernden Rahmenbedingungen weiterentwickeln zu können. Die Stärkung der Eigenständigkeit beruflicher Schulen steht deshalb im Mittelpunkt der bildungspolitischen Ziele in Baden-Württemberg. Dazu hat das Kultusministerium - auch als Ergebnis des Projekts „Stärkung der Eigenständigkeit beruflicher Schulen„ STEBS (Mai 2001 bis September 2004) - eine Reihe von Entwicklungen initiiert:

- Für dieses Schuljahr wurden an beruflichen Schulen mehr als die Hälfte der wissenschaftlichen Lehrkräfte durch eine schulbezogene Stellenausschreibung gewonnen.
- Die Regelung zur Verwendung der personellen Ressourcen (Organisationserlass) ermöglicht mit der Budgetierung eine weitgehende Freiheit beim unterrichtlichen Lehrereinsatz.
- Um eine am jeweiligen Schulprofil ausgerichtete Planung von Lehrerfortbildungen zu fördern, können Fortbildungsressourcen der einzelnen Schule zugewiesen werden.

> • Mit der Neufassung der Verwaltungsvorschrift über die Aufgaben und Stellung der Abteilungsleiter vom 25. Mai 2005 wurde deren Aufgabenbereich erweitert und der Gedanke der Schulleitung im Team konkretisiert.

Die weitere Entwicklung wird sich in den Themenfeldern der dienstrechtlichen Befugnisse der Schulleiterinnen und Schulleiter, der pilothaften Erprobung des Einsatzes von Schulverwaltungsassistenten und der Budgetierung der Sachmittel vollziehen.

Prof. Jürgen Baumert, wissenschaftlicher Leiter des deutschen Teils der ersten PISA-Studie formulierte 2002 die zentralen Bedingungen für leistungsfähige Schulen: „Das Konzept der Staaten, die bei PISA Erfolg haben, ist genau diese Mischung: Stärkung der Eigenverantwortlichkeit der Einzelschule, aber Verpflichtung auf Rechenschaftslegung und Kontrolle des Erfolgs."

Erweiterte operative Eigenständigkeit erfordert eine neue Form der Steuerung. Die Schulaufsicht muss in immer stärkerem Maß die Entwicklungslinie der einzelnen beruflichen Schule berücksichtigen und sie gleichzeitig in die bildungspolitisch vorgegebenen Rahmenbedingungen einbinden. Die einzelne Schule benötigt Informationen für die Selbststeuerung; sie muss wissen, wo sie steht und wohin sie will. So wird sie zu einer lernenden Organisation, die in ihrem jeweiligen Umfeld die bestmögliche Förderung der ihr anvertrauten Schülerinnen und Schüler erreicht.
Für die beruflichen Schulen des Landes beschreibt das Konzept „Operativ Eigenständige Schule" OES den Rahmen für die zukünftige Qualitätsentwicklung. OES zielt darauf, die Schulen mit Zielvereinbarungen zu führen und so die pädagogische und fachliche Erstverantwortung der beruflichen Schulen weiter zu stärken. Im Mittelpunkt steht die Sicherung und Entwicklung der Unterrichts- und Schulqualität. Dies erfordert den Aufbau eines systematischen Qualitätsmanagements als Instrument der inneren Schulentwicklung.

Das Modellvorhaben „Operativ Eigenständige Schule" OES

Im Modellvorhaben OES wird seit Dezember 2003 gemeinsam mit 15 beruflichen Schulen ein landesspezifisches Qualitätsmanagementsystem entwickelt und erprobt. Ziel ist ein System, das den Unterricht als zentralen pädagogischen Prozess in den Mittelpunkt stellt und die Bewertung und Verbesserung der Qualität in allen relevanten Bereichen des schulischen Lebens ermöglicht. Bausteine des Qualitätsmanagementsystems sind:

Harald Wissmann

Qualitätsentwicklung und Qualitätssicherung an beruflichen Schulen in Baden-Württemberg –
das Konzept „Operativ Eigenständige Schule" (OES)

> - Erarbeitung eines schulspezifischen Leitbildes
> - Selbstevaluation und Qualitätsentwicklung
> - Fremdevaluation als Basis für Zielvereinbarungen mit der Schulaufsicht
> - Möglichkeit der Zertifizierung

Neben den beruflichen Schulen nehmen auch die Staatlichen Seminare für Didaktik und Lehrerbildung (Berufliche Schulen) am Modellvorhaben OES teil.

Qualitätsentwicklung an der einzelnen Schule

Mit der Vorlage der schulspezifischen Leitbilder im Februar 2005 wurde der erste Meilenstein im Modellvorhaben OES erreicht. Die Leitbilder der Modellschulen enthalten pädagogische Ziele beispielsweise zum Unterricht, zur Förderung der Schülerinnen und Schüler, zur Zusammenarbeit aller am Schulleben Beteiligten und zur Schulentwicklung. Formuliert wurden aber auch Werte und Normen wie Offenheit, Toleranz, Wertschätzung und Respekt. Für die Akzeptanz und Wirksamkeit eines Leitbildes ist sein Entwicklungsprozess bedeutsam. Hier gilt es das Kollegium, die Eltern und Ausbildungsvertreter und vor allem auch die Schülerinnen und Schüler zu beteiligen.

Im Februar 2005 hat an den Modellschulen der Prozess der kontinuierlichen Selbstevaluation begonnen. Zur Verwirklichung der im Leitbild festgelegten Ziele werden schulspezifische Entwicklungsmaßnahmen erarbeitet, umgesetzt und ausgewertet. Um die Arbeit der Schulen zu systematisieren und zu strukturieren, wurde ein auf wissenschaftlicher Basis erstelltes Raster an Qualitätsbereichen und Qualitätsdimensionen vorgegeben:

Qualitätsbereich Input	Qualitätsbereich Prozesse	Qualitätsbereich Output / Outcome
Dimensionen: • Sächliche Ressourcen • Personelle Ressourcen • Rahmenvorgaben	Dimensionen: • Unterricht • Professionalität der Lehrkräfte • Klassen- und Schulklima • Leitung der Schule • Außenbeziehungen • Schulorganisation	Dimensionen: • Fachliche und überfachliche Lernergebnisse • Schul- und Laufbahnerfolg • Kundenzufriedenheit

Daraus wählte jede Modellschule vier Arbeitsschwerpunkte aus. Die Qualitätsdimension Unterricht als zentraler pädagogischer Prozess wird von allen Schulen evaluiert. Dabei werden von den Modellschulen unter anderem die Themenfelder Lehr- und Lernarrangements, individuelle Lernförderung, Umsetzung der Lernfeldkonzeption und Maßnahmen zur Lernortkooperation bearbeitet. Durch systematisches Feedback sowohl zwischen Schülerschaft und Lehrkräften als auch innerhalb von Lehrerteams wird die Weiterentwicklung der pädagogischen Arbeit hin zu einer an der Schülerpersönlichkeit orientierten Erziehung und Bildung an allen beteiligten Schulen gezielt gefördert.

In den anderen Qualitätsdimensionen werden u.a. folgende Themen bearbeitet:

- Überprüfung der Schnittstelle zur Herkunftsschule
- Verbesserung der internen Aufgabenverteilung
- Schulsozialarbeit
- Lehrerbefragung zur Professionalität der Schulleitung
- Lernzuwachsmessungen durch Vergleich der Eingangs- und Ausgangsleistung
- Absolventenbefragungen im Berufsvorbereitungsjahr, in Berufskollegs und in Fachschulen

Der Zyklus aus Datenerhebung, Datenauswertung, Entwickeln und Umsetzen von Verbesserungsmaßnahmen und erneuter Evaluation führt zu einer kritischen Reflexion der pädagogischen Arbeit und setzt einen Prozess der kontinuierlichen und systematischen schulischen Qualitätsentwicklung in Gang. Der Prozess wird von den Schulen fortlaufend in der schulinternen Qualitätsdokumentation festgehalten. Sie stellt damit eine wesentliche Informationsquelle für die Fremdevaluation dar.

Innovatives Steuerungskonzept - Fremdevaluation und Zielvereinbarung

Im Konzept OES wird die Rechenschaftslegung und Erfolgskontrolle durch zwei sich ergänzende Komponenten verwirklicht: Zum einen ist dies die Fremdevaluation durch das Landesinstitut für Schulentwicklung, bei der die Betrachtung der Qualitätsentwicklungsprozesse im Vordergrund steht und die gegebenenfalls mit einer Zertifizierung abschließt. Die zweite Komponente ist die auf dem Ergebnis der Fremdevaluation aufbauende Zielvereinbarung zwischen Schulaufsicht und Schule. So ermöglicht das neue Steuerungskonzept die systematische Verknüpfung von schulischer Eigenständigkeit, schulaufsichtlicher Verantwortung und Evaluation der Schulentwicklungsprozesse.

Harald Wissmann

Qualitätsentwicklung und Qualitätssicherung an beruflichen Schulen in Baden-Württemberg –
das Konzept „Operativ Eigenständige Schule" (OES)

5.0

Die Fremdevaluation durch das Landesinstitut für Schulentwicklung stellt die Qualität der Schulentwicklung nach einem objektivierten Maßstab fest und gibt der Schule professionelle externe Rückmeldung. Das Konzept der Fremdevaluation wurde in Anlehnung an das schweizerische Qualitätsmanagementkonzept Q2E gemeinsam von Kultusministerium und Landesinstitut entwickelt und wird im Rahmen des Modellvorhabens OES erprobt. Im Oktober 2005 begann die Evaluation der OES-Modellschulen, die bis November 2006 an allen 15 Schulen abgeschlossen sein soll. Die Fremdevaluation wird von einem Team durchgeführt, das sich aus mindestens zwei qualifizierten Evaluatoren des Landesinstituts und einem von der jeweiligen Schule vorgeschlagenen „kritischen Freund" zusammensetzt. Das Evaluationsteam begutachtet unter anderem die Ergebnisse der schulinternen Selbstevaluation und die daraus abgeleiteten Maßnahmen. Dazu wertet es die schulische Qualitätsdokumentation aus und führt im anschließenden, in der Regel zweitägigen Evaluationsbesuch strukturierte Interviews mit den am Schulleben Beteiligten. Das Team präsentiert die Ergebnisse vor der Schulleitung und der Gesamtlehrerkonferenz. Anschließend werden sie in einem konzisen, standardisierten Bericht festgehalten, der der Schule professionelle externe Rückmeldung über die Stärken und Schwächen ihrer Entwicklungsprozesse und Empfehlungen für die weitere Arbeit gibt. Der Evaluationsbericht bildet darüber hinaus eine Basis für entwicklungsorientierte Zielvereinbarungen zwischen Schulaufsicht und Schule.
Berufliche Schulen, die bei der Fremdevaluation einen bestimmten Qualitätsstandard ereichen, können vom Landesinstitut für Schulentwicklung zertifiziert werden.

Als weiterer Schritt in der Umsteuerung des Bildungswesens wird mit der Zielvereinbarung ein neues Führungskonzept zwischen Schulverwaltung und Schule eingeführt. In der Zielvereinbarung werden die verschiedenen, für die jeweilige Schulentwicklung und die zentrale Systemsteuerung relevanten Prozesse zusammengeführt. Die Entwicklung der Einzelschule erhält einen formalen und transparenten Rahmen, der eine Präzisierung der Ziele und eine systematische Überprüfung der Zielerreichung erlaubt. Zielvereinbarungen tragen damit zur Verstetigung, Systematisierung und Professionalisierung der schulischen Entwicklungsprozesse bei.

Die Zielvereinbarung, die zwischen dem zuständigen Schulreferat des jeweiligen Regierungspräsidiums und der Schule abgeschlossen wird, verknüpft die individuellen Schulentwicklungsziele mit den strategischen Zielen des Kultusressorts:

- Im **Teil 1 Schulentwicklungsziele** steht der schulspezifische Entwicklungsprozess im Vordergrund. Auf der Basis des Berichtes der Fremdevaluation erarbeitet die Schule einen Zielvereinbarungsvorschlag für ihre weitere Entwicklung und bringt ihn in die Zielvereinbarungsgespräche ein.
- Der **Teil 2 Weitere Ressortziele, Ressourcen** umfasst Ziele, die über die jeweilige Schulentwicklung hinaus reichen. Sie können sich aus den aktuellen politisch-administrativen Entscheidungen der Landesregierung ableiten, wenn diese die Ebene der Einzelschule betreffen; sie können sich aus neuen Reformvorhaben ergeben oder sich auf die derzeitige Ressourcensituation beziehen.

So fördert die Zielvereinbarung die Eigenständigkeit der Schule beim operativen Prozess und trägt gleichzeitig zur Umsetzung der strategischen bildungspolitischen Ziele bei.

Im Rahmen einer Erprobungsphase werden derzeit Erfahrungen zum Zielvereinbarungsprozess gewonnen und ausgewertet. Dazu schließen u.a. die OES-Modellschulen im Anschluss an die Fremdevaluation eine Zielvereinbarung mit dem zuständigen Regierungspräsidium als Schulverwaltungsstelle ab. Es ist geplant, die Zielvereinbarung zwischen Schulverwaltung und Schule ab 2007 flächendeckend einzuführen. Um auch Schulen, die bis dahin noch nicht an der Fremdevaluation teilgenommen haben, in diesen Prozess einzubeziehen, soll mit ihnen eine Anfangs-Zielvereinbarung abgeschlossen werden.
Zur Vereinheitlichung des Zielvereinbarungsprozesses hat das Kultusministerium eine Handreichung **Zielvereinbarung zwischen Schule und Schulverwaltung** erarbeitet. Die Handreichung beschreibt detailliert das Konzept und das Verfahren der Zielvereinbarung und soll sowohl den Schulleitungen als auch der Schulverwaltung als Leitlinie dienen.

Ausblick

Die Erarbeitungs- und Erprobungsphase eines optimal auf die beruflichen Schulen des Landes zugeschnittenen Qualitätsmanagementsystems dauert bis Ende 2006. Nach einer kritischen Reflexion der im Modellvorhaben erarbeiteten und erprobten Vorgehensweisen soll das Konzept OES schrittweise auf alle beruflichen Schulen des Landes übertragen werden. Dabei ist vorgesehen, OES ab dem Schuljahr 2007/08 jährlich an rund 75 Schulen einzuführen. Im Jahr 2010 wird damit das Ziel erreicht, dass alle beruflichen Schulen des Landes professionelles Qualitätsmanagement anwenden.

Harald Wissmann

Qualitätsentwicklung und Qualitätssicherung an beruflichen Schulen in Baden-Württemberg –
das Konzept „Operativ Eigenständige Schule" (OES)

5.0

Der Erfolg von Veränderungsprozessen hängt nicht nur vom Willen, sondern in hohem Maße von der Professionalität und damit vom Wissen und Können der Beteiligten ab. Für die Übertragung des Konzeptes OES in die Fläche ist deshalb ein verlässlicher, schriftlich festgelegter Rahmen und ein abgestimmtes Unterstützungssystem aus Fortbildungen, Prozessbegleitung, Netzwerkbildung und Anrechnungsstunden erforderlich. Diese Unterstützungssysteme schaffen förderliche Rahmenbedingungen für alle Beteiligten und tragen so ganz wesentlich zum Gelingen der Umsteuerungsprozesse bei.

Neben den 15 im Modellvorhaben OES engagierten beruflichen Schulen arbeiten gegenwärtig über 90 weitere berufliche Schulen im Rahmen des STEBS-Prozesses an Schulentwicklungsprojekten, die eine schnelle Einführung des Konzeptes OES möglich machen. Der STEBS-Prozess wird in regionalisierter Form im Wesentlichen von den Regierungspräsidien organisiert. Er ist als strukturiertes Schulentwicklungsinstrument mit dem Schwerpunkt Qualitätsentwicklung angelegt. Im Rahmen des STEBS-Prozesses erhalten berufliche Schulen eine zweijährige Prozessunterstützung. Anschließend ist eine Verzahnung mit dem Konzept OES vorgesehen.

Waldemar Futter
„Operativ Eigenständige Schule" – Umsetzung in der Friedrich-Ebert-Berufsschule Esslingen

Kurz zu meiner Person: Ich bin Gymnasiallehrer für Deutsch und Geschichte, habe über zwanzig Jahre an einer kaufmännischen Schule gearbeitet, stellvertretend auch als Beratungslehrer in der Drogenberatung und war ganz kurz im Ministerium. Jetzt bin ich wieder an einer gewerblichen Schule. An der Friedrich-Ebert-Schule herrschten zu Beginn meiner Arbeit 18,6% Unterrichtsausfall. Es gab die Meinung, man könne seine Kinder dort nicht hinschicken. Heute arbeiten wir mit 4,6% Unterrichtsausfall und 11 Lehrern weniger - für nur 3 Klassen weniger.

Wir haben immer noch 1600 Berufsschüler und ungefähr 660 Vollzeitschüler. Der Teilzeitbereich wächst, die Vollzeitbereiche werden schmaler - vom Schulleiter mit gesteuert. Die Erfolgsquote für die Schüler steigt: Hauptschüler mit Deutschnote 3, die die mittlere Reife machen wollen, hatten vor fünf Jahren eine Erfolgsquote von 25%, jetzt liegen wir bei 60%. Sie sehen: Wir haben hier ein paar datengestützte Messdaten. Wir wollen pädagogische Fortschritte erzielen, wir wollen die Qualität verbessern, und zwar messbar verbessern.

Ich habe mitgewirkt als Mitarbeiter bei der Balanced-Scorecard-Abteilung beruflicher Schulen im Kultusministerium. Eine zentrale Frage ist: Wer ist verantwortlich? - Für die Qualität des Lernens sind es natürlich die Schüler, für die Qualität des Unterrichts sowie der Erziehung sind es die Lehrer, und für die schulischen Lernbedingungen ist es der Schulleiter.
Wir haben kein Leitbild, wir sind auch keine OES-Schule, aber wir nützen alle Freiheiten, die OES-Schulen haben gleichsam im Windschatten. Aber wir sind dabei ein Leitbild für den Schulleiter zu entwickeln. Es basiert auf dem Salutogenese-Konzept von Antonovsky. Menschen bleiben demnach gesund, wenn die Herausforderungen und Ziele als erreichbar gesehen werden. Daher finde ich die Entwicklungen in manchen Bundesländern auch bedenklich, dass die Gesamtlehrerkonferenzen überall verschwinden.
Wir haben aus der Balanced Scorecard verschiedene Leitbildfragmente entwickelt: Es gibt hier fünf Dimensionen - die Mitarbeiterdimension, die Prozessdimension, Ressourcen, Leitungsaufgaben und Zielgruppe. Eine klassische Schule in Baden-Württemberg hatte früher nur einen Punkt, nämlich die Schulverwaltung;

diese hatte die Satzung zu bestimmen, und die musste aufgenommen und durchgeführt werden und diese Punkte mussten vorrangig erfüllt werden.

Heute haben wir als Dienstleister andere Anforderungen zu erfüllen. Auch die Schulverwaltung hat für uns nicht mehr die Bedeutung wie früher. Da wird es Reibungspunkte geben - aber auch das gehört zum Gesamtprozess. In Baden-Württemberg galt das Prinzip des „Bottom-Up-Prozesses". Die Schulen machen sich an der Stelle auf den Weg, wo sie einen Leidensdruck spüren oder eine Mission haben. Allerdings überall spürt man, es gibt Prozesse, die parallel laufen, sich sogar teilweise gegenseitig aufheben.
Man hat – nebenher bemerkt – auch in Baden-Württemberg eine Zielvereinbarungskaskade etabliert - das Projekt ist aber in der Versenkung verschwunden, aber es lebt irgendwo als Lungenfisch noch weiter und wird eines Tages aus dem Schlamm wieder hoch kommen. Dort werden die kaskadierten Ziele - also bspw. der Erziehungs- und Bildungsauftrag - als „Muss- Ziel" den Schulen vorgegeben. Daneben formuliert die Schule eigene „Kann- Ziele":

- Die Zufriedenheit der Lehrkräfte ist mir hierbei ein ganz großes Gut. Wir haben momentan einen Krankenstand von unter 3%, das ist für mich die Messzahl dieses Kriteriums.
- „Das Ansehen der Schule erhalten und stärken" ist ein zweiter Wert – auch hier waren wir tätig.
- Und ein drittes: „Die Werteerziehung der Berufsschule stärken". Und da sind wir uns einig mit unseren beiden Partnern und mit den Eltern, dass junge Leute heute mehr denn je der Orientierung bedürfen, bei der Konfusion aller wertstiftenden Systeme, die wir haben, und angesichts der Krise des dualen Systems und des Arbeitsmarktes und vieler anderer Krisen.

An dieser Stelle haben wir ein Organisationsmodell entworfen, in dem die Religionslehrkräfte ihre Kompetenzen so ausleben können, dass ein gutes Produkt entsteht. In unseren über 80 Berufsschulklassen hat der Religionsunterricht jetzt erstmalig den Status eines richtigen vollen Faches, wie alle anderen Fächer auch. Montags von der ersten bis zur vierten Stunde kann bei uns Religion unterrichtet werden und donnerstags von der ersten bis zur zehnten. Also in der besten Unterrichtszeit – das ist bei uns Religion in der Berufsschule.

Die Ausbilder haben bei der Etablierung durchaus geschluckt, so wie viele andere auch geschluckt haben. Wir machen in einem Jahr eine Stunde Religion wöchentlich, das bedeutet für uns in der Umsetzung: vier Stunden Religion vierzehntägig in einem Halbjahr. Was ist der Unterschied? Keine einstündige

Religion mehr an den Randstunden neunte und achte Stunde, sondern in der besten Unterrichtszeit vier Stunden am Stück. Wer sich vom Religionsunterricht abmeldet, geht in den Betrieb zum Arbeiten oder wer sich so benimmt, dass der Religionslehrer ihn nicht aushält, weil er als Muslim sagt: „Der Nikolaus interessiert mich nicht." Da sagt die Religionslehrerin: „Ich muss dich nicht beschulen, du kannst zum Arbeiten gehen."

Susanne von Kirchbach
„Operativ Eigenständige Schule" – Chancen und Herausforderungen für den Religionsunterricht

Am Religionsunterricht nach dem Modell, das von Herrn Futter beschrieben wurde, nimmt immer die ganze Klasse teil. Ich habe am Anfang die Betriebe, die etwas zögerlich waren, angerufen und erklärt, warum ihre Auszubildenden nicht kommen und inzwischen sind alle da. Von den Betrieben aus ist diese vierstündige Organisationsform akzeptiert, genauso auch von den Kollegen.

Die Berufsschulklassen, die in diesem Modell unterrichtet werden, beginnen in der zweiten Schulwoche mit dem vierstündigen Unterricht – daher können die Klassen sich natürlich sehr gut kennen lernen und erleben sich auf eine ganz andere Art. Deshalb sind wir bzw. bin ich sehr geschätzt mit diesem vierstündigen Modell unter den Kollegen und Kolleginnen. Also innerhalb des Kollegiums besitzt es inzwischen eine hohe Akzeptanz. Die Betriebe akzeptieren es selbstverständlich, dass ihre Auszubildenden kommen müssen. Wir haben Schüler aller Konfessionen, also katholische, evangelische, Muslime, Jugendliche ohne Bindung an eine Kirche (das sind die spannendsten). Wir haben auch Schüler aus den Neuen Bundesländern - und es ist ebenfalls eine ganz neue Er- fahrung, wie diese mit Religion umgehen. Wir haben an der Schule keinen Ethikunterricht parallel zum Religionsunterricht.

Was mir ganz wichtig ist, ist dass die Religion innerhalb des Gesamtunterrichts stattfand. Ich mache nicht ein Extramodell außerhalb und am Wochenende. Religionsunterricht findet innerhalb des ganz normalen Unterrichtsrahmens statt. Ich habe damit einen Punkt, der selbstverständlich dazu gehört. Ich spreche in diesen vier Stunden die Themen an, die laut Lehrplan auch vorgegeben sind, wenn wir drei Jahre Religion hätten. Vom Lehrplan her lasse ich natürlich die Wünsche aussuchen: es sind immer die gleichen Themen. Wir sind immer sehr schnell beim Thema Gewalt, sehr schnell bei der Frage: Wie gehen Muslime damit um? Sehr schnell bei dem Thema Diskriminierung. Wie erleben die Muslime ihre Rolle in einem christlichen Umfeld? – Wie äußert sich die Kirche in dieser Auseinandersetzung? Welche Positionen nimmt sie ein? Also das heißt, der Unterricht ist wirklich im Alltag angesiedelt.

Ich habe von Anfang an einen Rückmeldebogen gemacht, weil mir das wichtig war. Ich habe mir dieses Modell ja gewünscht und dann bei der Schulleitung auch irgendwann durchsetzen können, und deshalb war es wichtig zu sagen: Wie wird das gesehen? Wie erleben das die Schüler? Würden sie das gern auch fortsetzen?
Und es war immer auch eine hohe Akzeptanz, auch von den Schülern. Es war nur immer dann kritisch, wenn viel anderer Unterricht ausfiel. Dann hieß es: „Wieso machen wir Religion und nicht das?" Ohne das inhaltlich zu bewerten, sondern einfach die Frage: Wie kann die Schule Ressourcen bereitstellen für Religion und für anderes nicht.

Wie sorgt man nun dafür, dass Religion so akzeptiert wird? Ich denke, dass die Kompetenz der Religionskollegen, der Religionskolleginnen sehr, sehr wichtig ist. Vierstündig Religion Unterrichten heißt, ich muss dafür bestimmte Qualitäten haben, dass ich eine Schar von Jugendlichen vier Stunden am Balll halten kann. Ich bin von der Kirche einstmals ausgebildet worden als Supervisorin - das hilft mir. Ich sitze selbstverständlich im Stuhlkreis. Alle sind präsent, das heißt ich erwarte von allen Schülern eine Rückmeldung. Und das funktioniert. Also es geht oft auch sehr heftig zu, klar. Es sind ja auch Themen, die ganz nah bei mir ansetzen, die mich ja wirklich in meiner Persönlichkeit treffen. Ich habe jetzt wieder aktuell Klassen, die dann sogar auf die Meta-Ebene gegangen sind und sich darüber Gedanken gemacht haben, wie sie miteinander umgehen und wie sie miteinander diskutieren. Also es ist für mich ein Unterricht, der viel bringt, weil der Schüler für mich spürbar da ist, also das kann sich keiner außen vor stellen. Mit vier Stunden ist man irgendwann dran, kommt man vor.

Dieses Vierstündige ist jetzt eigentlich das, was ich ganz super finde, die absolute Befreiung. Die Frage ist natürlich: Wie gebe ich die Noten? Das ist immer eine mündliche Note, weil ich Präsenz verlange und sich der Schüler ja auch äußert. Ich kann also sehr gut nachvollziehen, wer bei mir mitgearbeitet hat und das wird akzeptiert. Es steht im Zeugnis auch nicht „evangelisch" oder „katholisch" - es steht „Religion". Die Muslime haben sich da auch nie dagegen gewehrt, also es steht einfach unter den Noten dran nur „Religion". Und so bleiben wir jetzt das dritte Schuljahr beim vierstündigen Modell.

Beate Scheffler
Das Modellprojekt „Selbständige Schule"
in Nordrhein-Westfalen

„Hinsichtlich der erziehenden Tätigkeit der Schule bildet die Pflege des religiösen Sinnes und Geistes der Jugend den Mittelpunkt, von welchem alle ihre Bestrebungen ihren Ausgang nehmen müssen. Die Dir[ectores] werden es daher als ihre wichtigste Pflicht ansehen … den Religionsunterricht, wenn nicht für denselben ein besonderer Lehrer bestimmt ist, den bewährtesten und gereiftesten unter den Lehrern aufzutragen."

I.

Die Frage angemessener religiöser Bildung ist offensichtlich schon ziemlich lange ein Thema für die staatliche Schulverwaltung. Das eben vorgetragene Zitat stammt nämlich aus den „Dienstinstructionen für die Directoren der Gymnasien der Provinz Westphalen", gegeben vom Königlichen Provincial-Schulcollegium zu Münster, am 26. Juli 1856.[1]

Es wird deutlich: Die Höheren Schulen in Preußen waren keineswegs Selbständige Schulen, sondern standen unter erheblichem Kuratel des Provinzial-Schulkollegiums.

Soviel zur historischen Reminiszenz an unser Thema.

Kommen wir zum Bericht aus Nordrhein-Westfalen. Wie gehen wir mit der Selbständigen Schule und wie mit dem in ihr stattfindenden Religionsunterricht um?

Die Selbständige Schule hat in Nordrhein-Westfalen schon eine relativ lange Tradition. Denn bereits in Folge der Diskussion um die Rau-Denkschrift „Schule der Zukunft – Zukunft der Schule" sind wir einzelne Schritte hin zu mehr Selbständigkeit für die Schulen gegangen. In den Schulversuchen „Schule & Co." und „Selbständige Schule" ging es konkret um die Stärkung der Einzelschule in ihrem regionalen Zusammenhang. Der Modellversuch „Selbständige Schule" wird nun so nicht weitergeführt. Stattdessen wird die Landesregierung in Kürze das „Konzept für die Eigenverantwortliche Schule in Nordrhein-Westfalen" beschließen, mit dem alle Schulen im Prinzip selbständige Schulen werden.

Dabei geht es nicht darum, einer „Modeerscheinung" zu genügen. Ausgangspunkt aller Überlegungen ist die Annahme, dass sich die Qualität des Unterrichts und der Erziehungsarbeit an Schulen deutlich erhöht, wenn sie für die Ergebnis-

[1] Aus: Das Höhere Schulwesen in Preußen, herausgegeben von Dr. L. Wiese, Berlin 1894, S. 720 f.

se ihrer Arbeit ein hohes Maß an Eigenverantwortung tragen.

Mit der größeren Selbständigkeit und dem Wettbewerb zwischen den Schulen korrespondiert eine optimierte Unterstützung der Schulen durch das Land und die Schulaufsicht. Diese bezieht sich sowohl auf die Bereitstellung von Ressourcen als auch auf Angebote für Fortbildung und Beratung. Der staatlich vorgegebene Qualitätsrahmen, Standards, interne und externe Evaluation markieren das Handlungsfeld, in dem die eigenverantwortliche Schule ihre Entscheidungen trifft.

Im Zentrum der Veränderung und Qualitätsverbesserung muss dabei der Unterricht stehen. Lehrerinnen und Lehrer eines Unterrichtsfaches, eines Bildungsganges oder einer Schule sollen sich gemeinsam fortbilden und gemeinsam Qualitätskriterien für ihren Unterricht definieren. Unterricht und das Lernen der Schülerinnen und Schüler sind gemeinsamer Arbeitsgegenstand.

Letztendlich muss die Wende von der **Didaktik der Vermittlung** zur **Didaktik der Aneignung** gelingen!

Denn das ist doch das eigentliche Ziel von Schule:

dass wir die jungen Menschen angemessen zum Lernen herausfordern,

- wir ihre Talente fördern, ihre Stärken entwickeln,
- dass wir ihre Schwächen, die häufig ja durch familiäre Bedingungen verursacht sind, vermindern können und
- sie in die Lage versetzen, ihre Zukunft zu meistern und ein gelingendes privates und berufliches Leben zu führen.

Schule - und das sage ich ganz bewusst auch im Blick auf die berufliche Schule - hat eine Funktion, die deutlich mehr ist als die „Zubringerfunktion" für den Arbeitsmarkt.

Die beruflichen Schulen haben wie die allgemein bildenden einen ganzheitlichen Bildungsauftrag. Es gibt keine Rangordnung zwischen den beruflichen und den berufsübergreifenden, allgemein bildenden Fächern. Sie gehören alle in gleicher Weise zur Erfüllung des Bildungsauftrags, auch der Berufsschule. Wer meint, im Berufsschulunterricht der Auszubildenden auf die allgemeinbildenden Fächer verzichten zu können, nimmt den Jugendlichen einen Teil ihres Bildungsanspruchs!

II.

Welche Entscheidungen werden nun bei uns konkret getroffen, um die Schulen in eine größere Eigenverantwortlichkeit zu entlassen?

1. Schulen entwickeln ein Profil

Schon seit den 90er Jahren haben alle Schulen in NRW den Auftrag, ein Schulprogramm zu entwickeln. Mit diesem Schulprogramm sind sowohl Verabredungen zur Verbesserung der Unterrichtsqualität als auch zur Umsetzung des Erziehungsauftrags verbunden. Die Arbeit am Schulprogramm ist oft Grundlage für das Profil einer Schule. Ziel ist, dass die Schulen mit diesem Profil und der Qualität ihrer Arbeit in einen Wettbewerb mit anderen Schulen treten.

2. Schulen stellen ihr Personal selbst ein

Zur Eigenverantwortlichkeit gehört bei uns schon einige Jahre die eigenständige Personalauswahl durch die Schulen. Bereits jetzt wird die Mehrzahl der Stellen (ca. 95%) „schulscharf" besetzt. Das bedeutet, dass die Schulen die Stellen selbst ausschreiben, Bewerbungen entgegen nehmen, diese bewerten und Vorstellungsgespräche durchführen. Und schließlich zu einem Besetzungsvorschlag gelangen, der in der Regel von der Schulaufsicht dann dienstrechtlich umgesetzt wird.

3. Die Schulen erhalten ein Fortbildungsbudget

Ebenfalls eingeführt ist, dass den Schulen ein selbst zu verwaltendes Budget für die Fortbildung zur Verfügung steht. Die Mittel für die Lehrerfortbildung, die bisher bei der Schulaufsicht und im Landesinstitut verwendet wurden, werden zunehmend den Schulen direkt zur Verfügung gestellt.

Auf der Basis einer verpflichtenden Fortbildungsplanung entscheiden die Schulen in Eigenverantwortung, welche Fortbildungsmaßnahmen sie „einkaufen". Die Fortbildung sollte eingebunden sein in die didaktische Arbeit einer Fach- oder Bildungsgangkonferenz. Wir gehen davon aus, dass die schulinternen Fortbildungen ausgebaut werden und - abgesehen von spezifischer fachlicher Fortbildung im berufsbezogenen Bereich - Einzelfortbildung von Lehrern eher selten stattfindet.

Denn Schülerinnen und Schüler profitieren in der Regel besonders davon, wenn Lehrerinnen und Lehrer sich gemeinsam zum Thema Unterrichtsentwicklung fortbilden, Kriterien für die Qualität von Unterricht entwickeln, ihren Unterricht aufeinander abstimmen und - wie bei der Lernfeldarbeit - gemeinsam planen.

Mit diesen beiden Maßnahmen der **eigenständigen Personalauswahl** und der **Budgetierung der Fortbildungsmittel** ist ein wichtiger Teil der Selbstverantwortung von Schulen realisiert, da Personalauswahl und Personalentwicklung zentrale Elemente von Selbststeuerung sind.

4. Schulen erhalten ein Sachmittelbudget

Schulen, die im Schulversuch „Selbständige Schulen" sind, können schon jetzt

Stellen kapitalisieren und das Geld aus nicht besetzten Lehrerstellen z.B. für Sozialpädagogen, IT-Techniker oder auch Fortbildungsmaßnahmen ausgeben. In Zukunft sollen die Schulen auch ein eigenes Sachmittelbudget erhalten, aus dem heraus weiteres Personal - sowohl pädagogisches als auch technisches Personal - sowie sächliche Ausstattungen finanziert werden können (z.B. auch Sozialpädagogen oder Handwerksmeister).

5. Hauptverantwortliche an den eigenverantwortlichen Schulen sind die Schulleiterinnen und Schulleiter

- Die Schulleiter/innen werden Dienstvorgesetzte aller an den Schulen Beschäftigten.
- Die Schulleiter/innen sollen bereits vor Antritt des neuen Amtes zur Schulleiter/in qualifiziert werden (Schulleitung als Beruf).
- Der Lehrerrat soll die Aufgaben des Personalrats übernehmen
- Die Schulleiter/innen sind verantwortlich für die Sicherstellung des Unterichts auf der Grundlage der zugewiesenen Ressourcen. Im Rahmen der staatlichen Vorgaben sind sie in Abstimmung mit den Gremien frei in der Gestaltung der Stundentafeln und Verteilung des Unterrichts.
- Die Schulleiter/innen sind verantwortlich für die Entwicklung der Qualität schulischer Arbeit.

Eigenverantwortlichkeit und Selbständigkeit der Schulen sind daran gebunden, dass die staatlichen Rahmenvorgaben und die vorgegebenen Qualitätsstandards eingehalten werden.
Mit der schulinternen Evaluation, der begleitenden Beratung und Unterstützung durch die Schulaufsicht sowie durch die Schulinspektion (Qualitätsanalyse) wird die Qualität der Arbeit an den Schulen immer wieder überprüft.
Auch die Ergebnisse der Lernstandserhebungen und der zentralen Prüfungen sind für die Schulen wichtige Indikatoren für die Qualität ihrer Arbeit.

III.

Welchen Einfluss haben nun diese Entwicklungen auf die Situation und die Zukunft des Religionsunterrichts im Berufskolleg?
Religion im berufsübergreifenden Lernbereich soll „die Fachkompetenz mit allgemeinen Fähigkeiten humaner und sozialer Art verbinden und die Fähigkeit und Bereitschaft fördern, bei der individuellen Lebensgestaltung und im öffentlichen Leben verantwortungsbewusst zu handeln." So formuliert es die KMK-Vereinbarung. Dabei gilt das Augenmerk der allgemeinen Kompetenzbildung der jungen

6.0

Erwachsenen und bezieht so die religiöse Bildung in den Gesamtkontext des Bildungsauftrages des Berufskollegs mit ein.

Dies gilt auch in den Bildungsgängen der Berufsschule, wenn die Fächer in den Lernfeldern sozusagen aufgehoben sind. Dabei weisen die Gegenstände und Fragestellungen des Religionsunterrichts über die Handlungsfelder hinaus. Insofern befindet sich der Religionsunterricht in „guter Nachbarschaft" mit den anderen berufsfeldübergreifenden Fächern wie Deutsch- oder Politikunterricht.

Ich habe eben schon betont, dass es auch an der beruflichen Schule um die Bildung des ganzen Menschen geht und daher Religion, Deutsch, Politik und Sport einen wichtigen Beitrag zum Bildungsauftrag leisten. (Eigentlich würde auch noch die ästhetische Erziehung dazu gehören!!)

Daher will ich zum Schluss exemplarisch einige Maßnahmen in Zusammenhang mit der Eigenverantwortlichen Schule am Anspruch des Religionsunterrichts spiegeln und Gefährdungen und Chancen aufzeigen.

1. Schulen entwickeln ein Profil

Wenn gilt, was ich eben zum ganzheitlichen Bildungsauftrag der beruflichen Schule gesagt habe, so kann neben der Zuordnung zu den Arbeitsfeldern „gewerblich-technisch", „Wirtschaft und Verwaltung", „Gesundheit und Soziales" die Bedeutung der Allgemeinbildung an einer Schule durchaus zum positiven Alleinstellungsmerkmal, zum Profil gehören. Das bedeutet ja nicht, dass das berufliche Lernen vernachlässigt wird.

Es könnte aber heißen, dass Persönlichkeitsbildung, zu der der Religionsunterricht Entscheidendes beitragen kann, einen besonderen Stellenwert bekommt. In einem solchen Prozess könnte der Religionslehrer und die -lehrerin eine koordinierende und beratende Position einnehmen.

2. Schulen stellen ihr Personal selbst ein

Bei der schulscharfen Ausschreibung wird es ganz konkret darauf ankommen, ob Religion als „Nebenfach" behandelt und der Bedarf in den anderen Fächern vorrangig gedeckt wird oder ob Religionslehrer ebenso sorgfältig ausgesucht und nach Bedarf eingestellt werden. Zurzeit beobachten wir, dass eine Lehrkraft nach ihrem „ersten Fach" ausgewählt und das „Zweitfach Religion" oft nicht hinreichend berücksichtigt wird.

Das gilt auch für den Einsatz der Lehrkräfte. Oft unterrichten sie auf Wunsch der Schulleitung oder auch eigener Präferenz überwiegend oder gar ausschließlich in ihrem anderen Fach.

Für einen gelingenden Religionsunterricht ist aber nicht nur wichtig, dass er überhaupt stattfindet.

Die Qualifizierung, die Persönlichkeit und das Engagement der Religionslehrer/innen tragen – wie in anderen Fächern auch! – wesentlich zum Gelingen des Unterrichts bei. In der Person der Religions-Lehrkraft manifestiert sich gegenüber den Schülerinnen und Schülern gelebte Religion - mit all ihren Brüchen und Fragen, mit der Reflexion über sich selbst und über Gott. Wenn diese **gelebte** Religion in einem angemessenen Spannungsverhältnis zur **gelehrten** Religion steht, und dies entsprechend thematisiert wird, ist das für den Unterricht von besonders hohem Wert[2]. Dies hat nicht zuletzt die Untersuchung von Andreas Fuge u.a. gezeigt.

3. Die Schulen erhalten ein Fortbildungsbudget

Es ist nicht schwer nachzuvollziehen, dass sich der Stellenwert des Religionsunterrichts auch in der Fortbildungsplanung und in der realisierten Lehrerfortbildung zeigt.

Gerade die fächerübergreifende Fortbildung, z.B. zur Weiterentwicklung der didaktischen Jahresplanung, kann eine Stärkung des Religionsunterrichts bedeuten. Ist er doch in diesem Fall mit seinen Themen in die Erarbeitung von Unterrichtseinheiten und Umsetzung der Lernfeldarbeit enger verwoben, statt – wie sonst häufig – eher eine randständige Position zu haben.

[2] vgl. A. Fuge u.a.: 'Religion' bei ReligionslehrerInnen: Religionspädagogische Zielvorstellungen und religiöses Selbstverständnis in empirisch-soziologischen Zugängen, Münster: LIT, 2000, S. 202

Erwin Wekeiser

Das Modellprojekt „Selbständige Schule" in Nordrhein-Westfalen – Umsetzung am Berufskolleg Beckum

Das Berufskolleg Beckum: Wir befinden uns 50 km südlich von Münster. In unserem Umfeld sind Zechen, aber leider nicht mehr viele. Das Zechensterben ist Teil unseres Problems. Die Arbeitslosenquote beträgt 7,1 % . Aber wir sind auch der Kreis in Nordrhein-Westfalen mit dem größten Zuwachs an Jugendarbeitslosigkeit, das heißt, hier steht ein dickes Alarmzeichen.

Der Schulalltag ist „multikulti". Es gibt viele junge Damen, viele junge Herren unterschiedlicher Herkunft, unterschiedlicher Persönlichkeiten und mit völlig unterschiedlichen Interessen, Familienverhältnissen, sozialen Verhältnissen und so weiter und so fort. Und darauf müssen wir eine Antwort finden. Darum stelle ich kurz unsere Schule auch zahlenmäßig vor: Wir haben ca. 3100 Schüler. Wir sind zurzeit 141 Kolleginnen und Kollegen stark und haben zwei Gebäude - zwei Kilometer entfernt. Das erleichtert die Situation nicht immer, aber es gibt auch zusätzliche Chancen. Schulträger ist der Kreis Warendorf, zuständige Bezirksregierung ist Münster. Die Organisationsstruktur ist wie in vielen Häusern: ein Schulleiter, ein Stellvertreter, zehn Studiendirektoren als Abteilungsleiter, 31 Oberräte mit Sonderaufgaben. Religionslehrerinnen und -lehrer haben wir vierzehn an der Zahl und einen Pfarrer.

Schwerpunktbranchen: Wir haben außer dem kaufmännischen Bereich eigentlich alles: Gesundheit, Soziales, Ernährung, Hauswirtschaft, Technik, Metall-, Elektro-, IT- Technik, Bautechnik, Holztechnik.
Wir haben knapp 1750 Schülerinnen und Schüler in der sog. „dualen Ausbildung", das heißt 55% und etwa 1459 Schülerinnen und Schüler, d.h. 45%, die bei uns eine berufliche Grundbildung machen, einen zusätzlichen Schulabschluss erwerben, eine schulische Berufsausbildung nach Landesrecht durchlaufen oder einfach Berufsfindung erfahren. Die Zahl 45 - 55 war vor einigen Jahre noch umgedreht. Wir haben im Moment das Gefühl, dass es sich etwa so in diesem Bereich einpendelt und wir sind guter Hoffnung, dass es zurückgeht. Wir haben im Kreis Warendorf ein sehr gutes Netzwerk aufgebaut, in dem Berufskollegs auch in allen wichtigen Gruppierungen vertreten sind, so dass also wirklich sehr passgenaue Lösungen durchgeführt werden können.

Wir haben in den letzten viereinhalb Jahren 43 neue Kolleginnen und Kollegen eingestellt und alle grundsätzlich schulscharf, keiner über die Landesliste NRW, keiner über Versetzung. Dahinter steckt eine Philosophie. Das werden Sie auch in ihrem privaten Leben und im beruflichen Leben immer wieder feststellen: Ein gutes Team funktioniert auch nur, wenn die Chemie stimmt. Und wir können so was nicht immer sicherstellen, aber man merkt das in Gesprächen. Wir haben jetzt insgesamt in den letzten viereinhalb Jahren 1600 Bewerbungsgespräche geführt, so dass man sagen kann: es passt.

Welche Chancen bringt eigentlich die selbständige Schule für unser Bundesland – gerade auch im Hinblick auf den Religionsunterricht? Wir merken immer wieder, ich denke das merken alle, Religion besitzt in vielen Lebensgemeinschaften und Lebenssituationen keine tragende Bedeutung mehr. Es ist nicht mehr der Mittelpunkt des „Miteinanderumgehens". In der dualen Ausbildung wird immer noch von den Auszubildenden und vielen Betrieben die Fachkompetenz höher bewertet als das Fach Religion oder als das Fach Deutsch. Aber Religion gehört nicht in die Berufsschule - Punkt, Punkt, Punkt, Ausrufezeichen.

Viele Lerngruppen sind multikulturell und es fällt dabei nach meiner Wahrnehmung allen Beteiligten immer noch schwer, sich anderen Kulturen und Religionen zu öffnen und in Wertschätzung miteinander umzugehen. Ich will jetzt gar keine Gruppierung in den Fokus nehmen. Ich glaube, es ist einfach eine Feststellung, der man gerecht werden muss und die man sehr ernst nehmen muss. Es ist schwierig für Religionslehrerinnen und Religionslehrer sich in der Bildung eines Teams fest einzubinden. Wenn jemand nur das Fach Religion hat, ist das sehr schwierig mit einer Stunde Religion pro Woche in einer Klasse.

Was ich für ganz wichtig halte: unter allen Beteiligten im System, ich sage das selbstkritisch, herrscht noch kein eindeutiges Verständnis von gutem Unterricht. Und daran arbeiten wir im Moment sehr intensiv und ich glaube, das ist die wichtigste Voraussetzung für Qualität und für ein harmonisches Miteinander. Wenn der eine unter Unterricht versteht, dass der Lehrer vorn an der Tafel steht und schreibt, dann ist das ein Verständnis. Aber eigenverantwortliches Lernen kann auch anders stattfinden. Da müssen wir einen Konsens finden, sonst merken die Schüler sofort, wen sie um den Finger wickeln können.

Aber wir haben ein sehr positives Bild von Religionsunterricht, das sage ich ganz deutlich. Wir verbuchen bei uns im System nur sehr wenige Abmeldungen, kleiner als 30 bei 3000 Schülern pro Jahr. Darauf sind wir sehr stolz. Ich muss aber noch dabei sagen, wir bemerken auch, dass es sehr personenabhängig ist. Wir

6.1

haben Kolleginnen und Kollegen, bei denen gibt es gar keine Abmeldungen, es gibt Kollegen, bei denen haben wir ein Riesenproblem gehabt: Die ganze Klasse wollte sich abmelden.

An dieser Stelle noch eine Anmerkung: Mein Vorgänger war ein sehr guter Schulleiter. Als ich kam, haben alle gedacht: „Oh, wer kommt denn jetzt hier, der krempelt die Schule um." Mir ist an dieser Stelle sehr klar geworden: Eine Schule kann man nicht umkrempeln, man kann eine Schule entwickeln und zwar dann, wenn möglichst viele mit im Boot sind. Es bringt überhaupt keinen Gewinn für ein System, einem Kollegen zu sagen, er mache schlechten Unterricht.

> Wir bieten jetzt, soweit wir das kapitalisieren können, für Kollegen Coachings an. Wenn ein Kollege wirklich sagt: „Ich komm' damit nicht klar, dass sich die Schüler abmelden", oder: „Ich habe Angst", „Immer wenn ich in die Klasse geh oder morgens nach Beckum fahr, habe ich ein flaues Gefühl im Magen" - dann haben wir mittlerweile in großem Umfang Unterstützungssysteme im Angebot, d.h. Trainer von außen, Coaching-Unterstützungsmaßnahmen vermittelt, die aus meiner Sicht nur Erfolg bringen. Das ist wichtig vor allem im Hinblick auf die Wertschätzung.

Die Kollegen erfahren: Ich werde mit meinem Problem Ernst genommen. Wir bieten in diesem Bereich auch sehr umfangreiche Qualifizierungsmaßnahmen an. Aufgrund der Kapitalisierung konnten wir in den letzten drei Jahren fast 70 000 € in die Qualifizierung investieren. Wenn ich bedenke, dass wir sonst aus den Fortbildungskosten 23 € pro Kopf im Jahr haben, dann ist das bemerkenswert.

Der Religionsunterricht wird von allen als ein ganz wichtiger Raum in einer sonst so „dichten" Welt wahrgenommen. Dies muss man deutlich sehen und das nehmen auch die Schüler so wahr. Das Fach Religion bindet sich im System in verbindliche Strukturen mit einem gemeinsamen Konsens der didaktischen Planung ein. Das heißt, wir erwarten, dass sich alle Kolleginnen und Kollegen, ob es das Fach Deutsch, RU oder Sport ist, in die Jahresplanung einbinden und in die Teams mit einbringen. Das ist relativ schwierig bei geringen Stundenkontingenten. Wir versuchen das zu bessern, indem wir dann schon bei der Einstellung schauen: Welche Kombinationen passen? Wenn jemand zu uns kommt, muss er schnell ein Zuhause haben. In den Einstellungsgesprächen machen wir fiktive Stundenpläne, und haben damit auch guten Erfolg, denn wir müssen gegen Oberzentren wie Münster ankämpfen. Provokativ gesagt: auch die Befürchtung, ländliche Bereiche könnten in Nachteil geraten, lässt sich entkräften. Jeder, der bei uns in die Bewerbungsgespräche kommt, hat im Prinzip schon einen festen Plan vor Augen, und weiß, in welchen Bildungsgängen er zu Hause ist. Und das erwarten wir dann auch konsequent.

Ein wichtiges Thema erscheint uns der Abgleich eines gemeinsamen Verständnisses von gutem Unterricht. Das ist gerade wichtig, wenn Fächer wie Deutsch, RU, Politik und Sport dazu kommen. Es muss ein Abgleich entstehen, was unter Lernsituationen verstanden wird. Der Schüler darf nicht das Gefühl haben: Jetzt haben wir eine Stunde Religion. Nein, jetzt haben wir den Teil einer Lernsituation. Wobei wir aber darauf bestehen, dass es Religion heißt.

Wir erwarten aber gleichzeitig von den Kollegen im Fachbereich Religion, dass sie Vorschläge machen: Wie binden wir uns aktiv ein? Wie können die Strukturen aussehen? Es kann nicht so sein, dass die Kollegen sagen: „Jetzt machen Sie mal einen guten Stundenplan." Sondern es muss genau umgekehrt sein: Die Verantwortung hat jeder für sich selbst. Jeder hat einen Teil der Verantwortung im Gesamtsystem und das muss er auch mittragen. Wir haben seit zwei Jahren Schulsozialarbeit und ein ausgebautes Beratungsteam von fünf Kolleginnen, in Zukunft ausgebaut zu sieben Kolleginnen und Kollegen. Und da gibt es eine gute Kooperation mit dem Religionsunterricht. Das hat sich da als sehr fruchtbar erwiesen.

Noch zwei Beispiele zur Veranschaulichung: Wie läuft so etwas in den Bildungsgängen konkret ab? Wie geht so etwas?

Ein Beispiel in der Berufsfindung, in der Berufsvorschule: Wir haben hier ein Modell, ein sog. „Kooperatives Berufsbildungsjahr". Diese Jugendlichen wissen gar nicht recht: „Wo gehöre ich hin?" Eigentlich sagen viele Leute durch die Blume: „Wenn´s dich nicht gäbe, wär´s auch nicht schlimm." Diese Jugendlichen befinden sich in einer wirklichen Krise ihres Lebens. Bislang war Schule noch ein richtiger Halt. Jetzt sind sie nicht mehr schulpflichtig oder nur noch berufsschulpflichtig.

Sinn des Lebens, Orientierung gewinnen, das sind ganz typische Dinge, die der Religionsunterricht **mit** übernehmen kann, also mit übernehmen kann im Kontext des Ganzen. Es geht dabei um Persönlichkeitsstärkung, um Umgang mit Gewalt und Drogen. Unsere Sozialarbeiterin hat Familienverhältnisse aufgetan, die ich vorher nicht für möglich gehalten habe. Der Ausblick ist: Wir stellen noch zwei weitere Sozialarbeiter ein, weil wir gemerkt haben: Das bringt es. Multikulturelle Gesellschaft - alles Themen, die hier mit eingebracht werden.

6.1

Wir erwarten von Religionslehrern auch, dass sie Praktikumsbegleiter machen. Wir erwarten auch, dass Projekte zur Förderung der Humankompetenz in Zusammenarbeit mit den Bildungsgängen durchgeführt werden. Erfahrene Empathie und christliches Miteinander stärken die Persönlichkeit und Orientierung der Schülerinnen und Schüler. Und ich mache noch einen Zusatz: Sie stärken auch das Fach und die Kolleginnen und Kollegen. Das ist meine ganz klare Erfahrung.

Ein letztes Beispiel: Die Innungen, aber vor allem die Handwerksbereiche setzen uns zurzeit richtig unter Druck: „Religion in der Berufsschule? Sport in der Berufsschule? Warum das denn?" Andererseits sagen sie - auf Sport gemünzt: „Die Maler-Lehrlinge können nicht vernünftig übers Gerüst gehen und fallen immer runter." Aber Religion gehört nicht in die Schule. Auch sagen uns viele Betriebe: „Unsere Jugendlichen haben zu wenig Sozialverhalten, können mit ihren Mitarbeitern nicht umgehen und schmeißen gleich die Brocken hin." Ich finde, das ist ein Widerspruch zur Forderung „Kein Religionsunterricht", wenn man Religionsunterricht ganzheitlich sieht.

> Wir versuchen den Religionsunterricht in die didaktische Jahresplanung, d.h. in die Lernsituation der Berufsschule mit einzubringen. Aber noch einmal: Der Religionsunterricht wird einzeln ausgegliedert, das ist wichtig. Was aber passieren kann ist, dass der Religionsunterricht einmal zweistündig stattfindet, ein anderes Mal vierstündig, ein anderes Mal „schwimmend" ist. Und das stärkt den Religionsunterricht nach meinen Wahrnehmungen dramatisch. Darum bin ich skeptisch, wenn wir Stunden zählen. Ich glaube, die Qualität ist auch ganz wichtig.

Was sehr gut angekommen ist, sind „Lernort- Kooperationen." Warum nicht Religionsunterricht in einem Betrieb? Das haben einige mal durchgeführt, und das bringt unglaubliche Akzeptanz in den Betrieben.

Was außerdem ganz wichtig ist: wir brauchen eine Wochenkontingentierung von Stunden im Rahmen einer Lernsituation. Wir bekommen dann von den Betrieben nicht um die Ohren gehauen: „Was, die haben heut nur Religion gehabt?" Nein: Wir haben eine Lernsituation und dann kommen wir klar.

Albert Biesinger, Josef Jakobi,
Joachim Schmidt

„Selbständige", „eigenverantwortliche" oder „teilautonome" berufsbildende Schulen: Chancen und Herausforderungen für den Religionsunterricht?

Das länderübergreifende Expertenforum des Instituts für berufsorientierte Religionspädagogik am 13.12.2005 hat die Thematik „Religionsunterricht an der selbständigen beruflichen Schule – Chancen und Herausforderungen" weitestgehend unter den Vorgaben und Wünschen staatlicher Administration bearbeitet und erörtert. Insgesamt konnte festgestellt werden, dass die Entwicklungen in den einzelnen Bundesländern unterschiedlich weit vorangeschritten sind und dass die Weiterführung verschieden stark forciert wird – die eingeschlagenen Wege aber ähneln sich überall und bringen daher auch deutschlandweit vergleichbare Herausforderungen für den Religionsunterricht an berufsbildenden Schulen mit sich.

Im folgenden beschreiben wir zusammenfassend einige dieser Entwicklungen, erörtern ihre (möglichen) Konsequenzen für den Religionsunterricht und stellen Leitfragen, die für die weitere Behandlung des Themas geklärt oder mindestens diskutiert werden müssen.

1. Entscheidungsstrukturen

Die Entscheidungsstrukturen werden von der mittleren staatlichen Schulverwaltungsebene (Oberschulämter, Bezirksregierungen der Länder) weitestgehen auf die Ebene der einzelnen berufsbildenden Schule verlagert.

Herausragendste Konsequenz dieser Entwicklung ist die Tatsache, dass der einzelne **Schulleiter** im Zentrum schulorganisatorischer und pädagogischer Entscheidungen mit verbindlichen Befugnissen steht. Die Bedeutung der Schulleitungen wächst in hohem Maße. „Hauptverantwortliche an den eigenverantwortlichen Schulen" so heißt es bspw. aus Nordrhein-Westfalen „sind die Schulleiterinnen und Schulleiter". Die wesentlichen Eckpunkte dieser Zuschreibung wachsender Verantwortlichkeit sind:

- Schulleiter werden zu direkten Dienstvorgesetzten mit allen daraus resultierenden Konsequenzen.
- Schulleiter übernehmen immer stärker Managementaufgaben und besitzen mit dem in manchen Ländern eingeführten System des „Management by objectives" („Führen durch Zielvereinbarung") eine zentrale Funktion bei der strategischen Ausrichtung des „Unternehmens Schule".
- Schulleiter sind wesentlich mitverantwortlich in der Verteilung der Ressourcen, die einer Schule zugewiesen wurden und mit denen sie eigenständig „wirtschaften" kann, beispielsweise in der Frage der Genehmigung (oder Nicht-Genehmigung) von Fortbildungen.
- Schulleiter sind (in Abstimmung mit unterschiedlich ausgestalteten Gremien) verantwortlich für die Gestaltung der Stundentafel und die Verteilung des Unterrichts.
- Schulleiter haben eine wesentliche Rolle bei der direkt erfolgenden Einstellung von Lehrkräften.

Für den Religionsunterricht ergeben sich aus dieser Neuausrichtung der Schulleiterfunktion einige wichtige „Merkposten".

1. Schulleiter müssen wissen, was Religionslehrer leisten:
Um im Bewusstsein der Schulleiter verankert zu sein, müssen Schulleiter in der selbständigen beruflichen Schule wissen, was ihre Religionslehrer einbringen. Eine falsche Bescheidenheit im Hinblick auf die Leistungen der Fachschaft Religion und ihrer Bedeutung für das Gesamtgefüge einer Schule nützt der „Sache" des Religionsunterrichts insgesamt wenig. Auch wenn vielen Religionslehrern dies schwer fällt - immer wieder muss deutlich gemacht werden, wie viel im Religionsunterricht bzw. von Religionslehrern geleistet wird: im Hinblick auf die persönliche Bildung der Schüler, ihre Betreuung und Begleitung, im Hinblick auf außerunterrichtliche Projekte und im Hinblick auf die Leistungen, die im Religionsunterricht selbst für die Orientierung und Lebensgestaltung von Schülern erbracht werden.

2. Religionslehrer als Anwälte eines ganzheitlichen Bildungsverständnisses:
Gerne wird in der programmatischen (Neu-)Ausrichtung einer Schule als „Unternehmen" übersehen, dass nicht alle Aspekte einer Führungskultur aus der freien Wirtschaft sinnvollerweise auf eine pädagogische Einrichtung wie die Schule übertragen werden können. Gerade Instrumente wie das „Management by objectives" brauchen in der schulischen Ausgestaltung eine sehr sensiblen Umgang. Die strategische Ausrichtung einer Schule darf nicht den Bildungszielen geopfert werden, für die unter anderem der Religionsunterricht steht: eine um-

„Selbständige", „eigenverantwortliche" oder „teilautonome" berufsbildende Schulen:
Chancen und Herausforderungen für den Religionsunterricht?

fassende „Bildung" des ganzen (privaten, beruflichen, sozialen, religiösen…) Menschen. Hierfür muss der Religionslehrer an einer Schule (gemeinsam mit „Koalitionären") eintreten.

3. Religionslehrer in der Auseinandersetzung mit der „Macht des Geldes":

An zunehmend selbständiger werdenden Schulen wird die Verteilung der Ressourcen eine wesentlich stärkere Rolle spielen als bisher. Dies gilt zum einen für die Beschaffung von Unterrichtmaterialien, zum andern aber auch für die Genehmigung von Fortbildungen, außerunterrichtlichen Veranstaltungen usw. Hierfür gilt es unter den Religionslehrkräften ein verstärktes Bewusstsein und eine erhöhte Sensibilität zu schaffen.

4. Religionslehrereinstellung und –einsatz:

Die deutlich veränderten Rahmenbedingungen beim Einsatz und schon bei der Einstellung der Lehrkräfte fordert von allen Verantwortlichen erhöhte Aufmerksamkeit: In der weiteren Entwicklung wird darauf zu achten sein, ob und in welchem Maße Lehrer mit der Fakultas für Religionsunterricht eingestellt werden und wie sie dann letztendlich im Unterricht auch tatsächlich eingesetzt werden. Trotz vielstimmiger gegenteiliger Beteuerungen wird man darauf achten müssen, ob die selbständiger werdende Schule an manchen Orten den Religionsunterricht zwar nicht offiziell, aber doch „schleichend" zugunsten der berufsbezogenen Fächer ersetzen will.

2. „Profilbildung"

Im Rahmen der Entwicklung hin zu immer selbständiger werdenden Schulen liegt die Profilbildung im Entscheidungsbereich der jeweiligen Schule. Übergeordnete Leitbilder – wie bspw. die Vorgabe der Entwicklung von „Regionalen Kompetenzzentren" in NRW – ersetzen nicht den Profilbildungsprozess einer einzelnen Schule, sondern geben lediglich einen allgemeinen Orientierungsrahmen vor.

Wie eine Schule ihr Profil ausgestaltet, liegt an den dort arbeitenden Gremien. In allen Bundesländern aber ist das entwickelte und vorgelegte Profil tatsächlich auch die Grundlage der Arbeit an der jeweiligen Schule und daher auch die Grundlage aller Maßnahmen zur Selbst- und Fremdevaluation. Für den Bereich der „Operativ eigenständigen Schule" in Baden-Württemberg formulierte deren Vertreter dies bspw. so: „Die Leitbilder der Modellschulen enthalten pädagogische Ziele beispielsweise zum Unterricht, zur Förderung der Schülerinnen und

Schüler, zur Zusammenarbeit aller am Schulleben Beteiligten und zur Schulentwicklung. Formuliert wurden aber auch Werte und Normen wie Offenheit, Toleranz, Wertschätzung und Respekt."

Neben diesen grundlegenden programmatischen Ausrichtungen, für die Religionslehrer wesentliche Anregungen und Hinweise bereithalten könnten, gibt es aber auch wesentlich „handfestere" Punkte, an denen sich die programmatische Ausrichtung einer Schule entscheidet:

- Welche Fachrichtungen werden an einer Schule ausgebaut – und zu wessen Lasten gehen Schwerpunktsetzungen in dem einen oder anderen Bereich?
- Damit eng zusammenhängend stellt sich erneut die Frage nach der Lehrereinstellung: welche Lehrer – und mit welchen Fakulten – braucht es, um bestimmte programmatische Zielsetzungen an einer Schule zu verfolgen?
- Schließlich stellt sich auch die Frage, wie eine Profilbildung entwickelt werden kann. Alle Schulleiter der am Expertenforum vertretenen Schulen betonten, dass hierfür nur ein „Bottom-Up-Prozess" in Frage kommen kann. Es bleibt aber die Frage virulent, wie diese Entwicklungen in der Realität verlaufen.

Auch an dieser Stelle gibt es also für die einzelnen Religionslehrkräfte vor Ort, aber auch für die Verantwortlichen für den Religionsunterricht in den Kirchen wichtige Beobachtungs- und Handlungsaufgaben:

1. Wie werden die Profilbildungsprozesse in den Ländern bzw. an den einzelnen Schulen ausgestaltet? Gibt es hier Mitsprache- und Mitwirkungsmöglichkeiten der einzelnen Fachschaften oder wird das Profil einer Schule in „Expertenkreisen" und „Steuergruppen" ausgeklüngelt.

2. Religionslehrer müssen gestärkt und motiviert werden, an den Profilbildungsprozessen und an der Entwicklung der „Schulprogramme" in ihrer Schule mitzuwirken und diese aktiv mitzugestalten – schon deshalb, weil darin die Grundlagen gelegt werden, auf deren Basis die Lehrkräfte später auch evaluiert werden.

3. Hier stellt sich auch eine wesentliche Fortbildungsaufgabe: wie werden die Lehrkräfte vor Ort darauf vorbereitet und dafür sensibilisiert, solche Prozesse aktiv mitzugestalten und was haben sie in diese Entwicklungen vorrangig einzubringen?

Albert Biesinger, Josef Jakobi, Joachim Schmidt

„Selbständige", „eigenverantwortliche" oder „teilautonome" berufsbildende Schulen:
Chancen und Herausforderungen für den Religionsunterricht?

7.0

3. Flexibilisierung der Unterrichtsorganisation

In den selbständiger werdenden Schulen lösen die unterschiedlichsten Formen von Projektarbeiten herkömmliche unterrichtsorganisatorische Strukturen und traditionelle „Stundenpläne" auf.

- Es gibt neue Zeitmuster mit vielfältigen Varianten. Fächern zustehende traditionelle „Wochenstunden" werden abgelöst durch „Jahreswochenstunden", die so neu ver- und eingeteilt werden können.
- Die Projektarbeiten haben eigene Zeit- und Organisationsformen sowie über einzelne Klassen hinausgehende eigene und neue Gruppenkonstellationen unter den Schülern.
- Diese Entwicklung läuft Hand in Hand mit der immer stärkeren Realisierung einer Umgestaltung traditionellen Unterrichts durch das Lernfeldkonzept. Auch hier ist ja ein fächerübergreifender Unterricht ausdrücklich angezielt, der dann auch neue Organisationsformen braucht.

Diesen Entwicklungen muss sich auch der Religionsunterricht stellen. Hierbei ergeben sich einige Fragen und Aufgaben, die momentan höchstens in vereinzelten Modellprojekten konkretisiert werden.

1. Wie ist die Zukunft eines wöchentlich stattfindenden Religionsunterrichts? Sollte dieser weiterhin der Regelfall sein (wofür manche guten Gründe sprechen) oder sollte er bspw. 14-tägig und dafür mehrstündig stattfinden (wie dies bspw. im „Esslinger Modell" in diesem Band besprochen wird)? Sollte der Religionsunterricht insgesamt verdichtet stattfinden (bspw. konzentriert in einem Halbjahr oder Schuljahr)?

2. Wie gestaltet sich die Mitarbeit des Religionsunterrichts in Projekten? In welchen Zeitanteilen sollte dies geschehen. Wie gestaltet sich diese Projektmitarbeit unterrichtsorganisatorisch für den konkreten Religionslehrer?

3. Wie sollten sich in Zukunft die Lerngruppen in einem Religionsunterricht entwickeln? Die Praxis, Religionsunterricht im Klassenverband zu erteilen, ist weit verbreitet, allerdings ohne Lehrplanbezug und didaktisch noch kaum eingeholt. Welche Lerngruppen werden langfristig angezielt: monokonfessionelle – konfessionell-kooperative – im Klassenverband organisierte – jahrgangsübergreifende?

4. Qualitätsentwicklungsziele und Evaluation

In allen Projekten der Bundesländer steht die Qualität des Unterrichts – als „Herzstück" von Schule – im Mittelpunkt. Entsprechend den allgemeinen bildungspolitischen Vorgaben findet auch hier eine Umorientierung statt: von der Inputorientierung zur Outputorientierung. Für den Unterricht werden Qualitätsziele erarbeitet und festgeschrieben. Diese Ziele werden von innen und von außen in bestimmten zeitlichen Intervallen überprüft: Die Entwicklungsziele betreffen die Bildungs- und Erziehungsaufgaben aller Fächer und der darin Unterrichtenden. Sie sind für innere wie äußere Evaluationsmaßnahmen verbindliche Richtschnur.

In verschiedenen Bundesländern werden Qualitätssicherungsmodelle – wie das EFQM-Tool – herangezogen, um Qualitätskriterien zu erarbeiten und diese transparent zu machen. Die Zielrichtung wird bspw. für Baden-Württemberg paradigmatisch wie folgt formuliert: **„Der Zyklus aus Datenerhebung, Datenauswertung, Entwickeln und Umsetzen von Verbesserungsmaßnahmen und erneuter Evaluation führt zu einer kritischen Reflexion der pädagogischen Arbeit und setzt einen Prozess der kontinuierlichen und systematischen schulischen Qualitätsentwicklung in Gang. Der Prozess wird von den Schulen fortlaufend in der schulinternen Qualitätsdokumentation festgehalten."**[1]

[1] Vgl. auch das „Qualitätstableau für die Qualitätsanalyse an Schulen" in NRW, Juli 2006 (Bildungsportal NRW).

Folgenden Elementen wird dabei besondere Aufmerksamkeit gewidmet:

- Das Lernen im berufsbildenden Bereich wird evaluiert. Z.B. werden konkrete Lernstandserhebungen bei der Aufnahme der Berufsschulzeit gemacht und die Verbesserungen in verschiedenen Leistungsbereichen kontinuierlich erhoben.
- Das Lernfeldkonzept forciert die berufsbezogene und praxisnahe Ausbildung der Lehrlinge und legt auch den allgemeinbildenden Fächern nahe, sich – mindestens zeitweise – an den Lernfeldern zu beteiligen.
- Die Neuausrichtung der Bildungspolitik verlangt von den Fächern bzw. Lernfeldverbünden Vorschläge für die Kriterienbildung sowie für die Gestaltung der internen und externen Evaluation.

Gerade in diesen inhaltlichen Feldern stellen sich für die allgemeinbildenden Fächer überhaupt, aber auch für den Religionsunterricht eine Reihe von heiklen Problemfeldern:

Albert Biesinger, Josef Jakobi, Joachim Schmidt

„Selbständige", „eigenverantwortliche" oder „teilautonome" berufsbildende Schulen:
Chancen und Herausforderungen für den Religionsunterricht?

7.0

1. Inwiefern begibt sich der Religionsunterricht überhaupt in das „Minenfeld der Evaluation"? Hier gibt es einige Stimmen, die den Religionsunterricht für so grundlegend verschieden von den anderen Fächern halten, dass er sich diesen Kriterien überhaupt nicht aussetzen sollte.

2. Begibt sich der Religionsunterricht aber in die pädagogische Auseinandersetzung mit dem Themenkomplex Evaluation (und die Verfasser sind der Meinung, dass er das tun muss und sollte), dann stellt sich die Frage nach der Gestaltung spezifischer und angemessener Kriterien. Natürlich lassen sich – das hat die Diskussion um die Bildungsstandards gezeigt – viele Unterrichtsziele im Religionsunterricht auch in überprüfbaren Standards abbilden. Wie können aber auch die vielen zentralen anderen Aspekte eines gelungenen Religionsunterrichts in eine Evaluation eingehen?

3. Immer noch ist das Problem der Beteiligung des Religionsunterrichts an den Lernfeldern einzelner Bildungsgänge noch zu wenig diskutiert. Sollte Religionsunterricht sich hier beteiligen – und wenn ja, in welchem Maße? Und was hat er in die Lernfelder einzubringen – ohne sein „Proprium" zu verlieren?

Die genannten Punkte sind erste Versuche einer Bündelung und Zusammenfassung von Entwicklungen und den sich daraus für den Religionsunterricht ergebenden Chancen, Problemfeldern und Fragen. Diesen Fragen nachzugehen ist eine Entwicklungsaufgabe, der sich alle Verantwortlichen für den Religionsunterricht an berufsbildenden Schulen stellen müssen. Es ist aber auch unsere Überzeugung, dass der Religionsunterricht an berufsbildenden Schulen in diese Diskussion besonders Bildungsprozesse einbringt, die den Menschen in seiner Würde im Zentrum haben. Durch seine Beteiligung an der Schulentwicklung kann und wird er letztlich auch gestärkt hervorgehen.